改变世界 中国杰出企业家研究系列丛书
为世界贡献东方企业家的商业智慧与管理思想
苏勇 主编

自我颠覆：
宋郑还管理思想探究

张春依 苏 勇 ○ 著

企业管理出版社
ENTERPRISE MANAGEMENT PUBLISHING HOUSE

图书在版编目（CIP）数据

自我颠覆：宋郑还管理思想探究 / 张春依，苏勇著. -- 北京：企业管理出版社，2022.10

（改变世界：中国杰出企业家研究系列丛书 / 苏勇主编）

ISBN 978-7-5164-2660-9

Ⅰ.①自… Ⅱ.①张… ②苏… Ⅲ.①宋郑还—企业管理—思想评论②儿童—日用品—零售业—工业企业管理—研究—中国 Ⅳ.①F272②F426.89

中国版本图书馆CIP数据核字（2022）第121927号

书　　　名：	自我颠覆：宋郑还管理思想探究		
书　　　号：	ISBN 978-7-5164-2660-9		
作　　　者：	张春依　苏勇		
责任编辑：	尤　颖　宋可力		
出版发行：	企业管理出版社		
经　　　销：	新华书店		
地　　　址：	北京市海淀区紫竹院南路17号	邮　编：	100048
网　　　址：	http://www.emph.cn	电子信箱：	emph001@163.com
电　　　话：	编辑部（010）68701638	发行部	（010）68701816
印　　　刷：	河北宝昌佳彩印刷有限公司		
版　　　次：	2022年10月第1版		
印　　　次：	2022年10月第1次印刷		
开　　　本：	710mm×1000mm　1/16		
印　　　张：	13.5印张		
字　　　数：	160千字		
定　　　价：	58.00元		

版权所有　翻印必究　·　印装有误　负责调换

改变世界
中国杰出企业家研究系列丛书

编委会

主　编：苏　勇
主　任：黄丽华　苏　勇　秦　朔
委　员：汪　钧　李萌娟
　　　　朱韶民　赵海龙

丛书总序

在中国现代化进程中，企业家是处于改革开放最前列的一个重要群体。他们率先感受到市场经济大潮和全球化竞争的严峻，以自己的智慧和胆识，带领日益强大的中国企业在世界舞台上一展身手，用自己的思想和行动改变着这个社会，改变着这个世界。

1911年，管理学发展史上的奠基之作《科学管理原理》（*The Principles of Scientific Management*）出版发行，标志着管理学作为一门学科的诞生，它使管理从一种简单的实务行为上升为一门科学理论。在此后约100年中，管理学领域几乎是西方世界一统天下。以美国管理学者为代表的西方管理学界，创造了诸多管理学理论和方法，为管理学科做出了巨大贡献。这一贡献虽然功不可没，有其一定的历史合理性，但也存在诸多缺陷。因为管理除了有其科学属性，还具备文化属性。管理思想和行为不仅是一种科学，同时也是一种文化。在多元的世界文化体系中，不能只有一种声音。

管理的文化属性主要体现在两个方面。

第一，管理是一种文化的积累，任何一个国家或组织的管理理论和管理方式都非凭空产生，都有一个文化延续和发展的过程。当今的任何一种管理思想都有先前文化成果的积淀。

第二，现实组织中采用的任何管理方法或手段，无不受到该组织所赖以存在的社会文化环境影响，因而会留下深刻的社会文化烙印。任何组织都是社会的一个细胞，组织的生存、发展不能脱离社会大环境，再好的管理思想和方法，只有在适合它的社会和文化环境中，才能发挥有效作用。这也充分体现出管理活动和思想有其文化依存性。就这一点而言，任何管理活动都不能忽视文化的作用，不能忽视管理者及组织的文化差异性。

既然我们承认管理是一种文化，管理活动有其客观的文化依存性，管理的有效性要充分考虑管理者和被管理者及所在组织的社会文化情境，那么，我们就既要承认西方管理学思想有其重要的科学性和规范性，在企业发展过程中起着非常重要的作用，呈现出其独特魅力；同时也要认识到，东方社会和组织虽然表现形式不同，但也应当在实践中总结、概括和提炼出自己独特的管理思想。我们应当看到，长期以来，东方社会的企业管理中也一定存在一系列发挥着卓有成效作用的、独特的管理思想。

本丛书的撰写、出版正是基于这样一个目的。

2014年秋，由复旦管理学奖励基金会联合上海第一财经传媒有限公司、复旦大学东方管理研究院，隆重启动了"改变世界：中国杰出企业家管理思想访谈录"项目。该项目计划用5年时间，访谈50位优秀的中国杰出企业家。这些企业家在中国改革开放大潮中，投身于社会主义市场经济的汪洋大海，奋力拼搏，砥砺前行，用自己的智慧、毅力和辛劳，为中国经济和社会发展做出了巨大贡献，同时也产生了丰富的管理思想。

在该项目的实施过程中，我们希望认真了解每一位杰出企业家精彩的管理实践，深入剖析其深邃的管理思想，系统总结其独树一帜的管理理论。该项目的主要成果有四个。一是将每一季访谈企业家的对话实录汇编成书，命名为《改变世界：中国杰出企业家管理思想精粹》，目前已经出版6本简体字版，并在中国台湾出版2本繁体字版，该书原汁原味地反映企业家的管理理念和思想。二是拍摄、制作并发行企业家电视系列专题片，通过第一财经电视频道及腾讯视频等媒体平台向全社会播出，截至2021年12月，已经播出45集。三是如今呈现在读者面前的"改变世界：中国杰出企业家研究系列丛书"。我们组建了由全国多所大学管理学教授、博士领衔的多支一对一研究团队。研究团队在访谈之前认真研读相关资料，撰写出企业大事记和对企业家详细的访谈提纲。同时，深入企业调研访谈，认真研读各项素材，并广泛搜集关于该企业的各种资料。在此基础上与团队合作，反复研究、提炼和聚焦企业最核心，同时又最具有东方特色的管理思想和智慧，数易其稿，提供给读者一份基于丰富实践和成功经验的具有东方特色管理思想的盛宴，为世界管理学贡献中国智慧。四是我们结合访谈研究，撰写了多篇管理学案例。

诚如生物需要有多样性一样，管理学的发展同样需要多视角的研究。只有打破西方管理学理论一统天下的局面，管理学才能获得健康发展。而经历 40 多年改革开放历程的中国企业，也迫切需要在契合中国企业实际的管理学理论引领下，以更加科学和实事求是的态度，认真思考和探讨东西方管理思想的融合，并有效指导企业的管理实践。

中国企业正以其日新月异的新姿态，昂首阔步走向世界经济舞台。愿我们的工作，为中国企业助力，为中国管理学发展助力。

教授　博士生导师　丛书主编

复旦大学东方管理研究院院长

中国企业管理研究会副会长

2021 年冬　于复旦大学

前　言

在科技智能时代的浪潮中，每个企业都可能成为颠覆者或被颠覆者。

全球化企业必须做好价值管理：一是要把握并顺应发展的趋势，应对外部环境的变化；二是要具备内在驱动力，特别是制定战略和执行战略的能力；三是要有优秀的企业文化。

我有一个人才的"五力模型"，即：信念、奋斗，拥有坚强的意志力；发展、直面危机，永葆创新的力量；目标、效率，拥抱规则的力量；导向、坚守，展现价值观的力量；反思、探索，建设性批判的力量。

创新与变革是好孩子不变的追求，也是好孩子发展成为享誉世界的国际化集团的根本动力。好孩子的成功经验,很多中国企业都可以学习。

传统制造业转型升级需要新的核心能力:一是组织,关键是领导力;二是技术,无论产品还是管理;三是互联网,既是生态,又是发展方式,同时还是品牌与消费者互动的一个平台。

做好自己,连接世界。这是中国企业走向全球的必经之路。我是第一,因为我可以是第一。

——宋郑还管理思想摘要

江苏省昆山市陆家镇菉溪路 20 号是如今的好孩子国际总部,也是昔日陆家中学校办厂所在地,白墙红顶的大门矗立了 30 多年。30 多年前,副校长宋郑还接手校办厂时,除了债务,一无所有,没有产品,没有技术,没有人才,没有市场。宋郑还是数学老师,不仅课上得好,还喜欢钻研。他盯着婴儿车这个产品研究,寻找到技术改进的突破点,申请了双功能车专利。因资金短缺,没有生产线,只能把这个专利卖给上海的企业,换来"第一桶金"。宋郑还用这笔钱做的第一件事情是建厂门,"事情都是人做的,人是要有精神的"。宋郑还希望这扇在国道线上颇为气派的大门,可以提振职工们脱困致富的信心,点燃共同创业的希望。宋郑还继续带领大家夜以继日地搞研发,婴儿车的产品性能从双功能改进到四功能。这一次,校办厂准备好了投产,好孩子(Goodbaby)这个企业品牌也在校办厂贫瘠的土壤里萌芽了。

·坚持技术驱动的价值观

在好孩子的创业历程中,宋郑还坚定地走"原发性技术创新"的道路,他个人的专利总数达到了1000多项,好孩子的专利总数已经超过10000项。走技术道路最难的不是技术本身,相反,对于宋郑还这样的"技术控"而言,在技术问题上切磋琢磨是一种乐趣。挑战还在于三十年如一日的坚持。面对投资人对研发成本居高不下的疑问,宋郑还说:"对不起,谁说都没用,我一定要坚持,这就是我的理念。"随着"技术进步之于国家发展"问题研究的深入,学术界逐渐形成一个重要的认识:经济发展的实质不是一个简单地提高资本积累率的过程,而是一个获得产业技术能力并在技术不断变化的条件下,把这些能力转化为产品和工艺创新的过程[①]。宋郑还掌舵的好孩子在儿童耐用消费品领域走出了一条自主品牌与外贸代工并驾齐驱的发展道路,抓住了工艺技术进步的组织能力这一企业发展的命脉。

如今的好孩子已经不满足于做婴儿车和儿童安全座椅的全球产量冠军,而是正在布局未来,即集研发、生产、销售和服务为一体,用数据打通产业互联网和消费互联网,做孕婴童生态圈的组织者。不管商业模式如何变化,宋郑还坚持"好孩子的价值必须回归到技术驱动"。在好孩子的员工大会上,宋郑还仿佛未改昔日教师的本色,喜欢分享他对行业的洞察,对好孩子战略的思考,他不仅讲怎么做,更愿意花一两个小时谈为什么要这么做。宋郑还要求管理者了解行业专业技术、互联网技术、数字技术和智能技术,并在业务战略统领下整合协同。

科技进步日新月异,宋郑还指导着企业进行技术创新,但不可能事必躬亲,

---

① 路风. 走向自主创新:寻求中国力量的源泉[M]. 北京:中国人民大学出版社, 2019.

这时组织学习和资源链接就显得尤为重要。宋郑还曾经邀请龙永图先生担任好孩子的独立董事，他特别赞赏龙永图的一句话："中国进入 WTO（世界贸易组织）叫作参与而不是融入，融入会使自己消失，中国只有参与全球化体系中，才能获得更多价值。"借鉴龙永图对中国加入 WTO 的定义，宋郑还对好孩子的发展路径提出了自己的定义：做好自己，连接世界。他多次组织好孩子高管向华为取经，他的顾问和专家型助理分布在美国、加拿大和欧洲各国的业界、学界，他邀请中国工程院院士谭建荣建立好孩子工作站，聚焦 AI、5G、物联网等前沿科技在儿童生活领域的应用。宋郑还认为，"新的商业模式要靠合作，狭隘地靠自己滚雪球式地慢慢滚大，这是过去我们要做的事，今天要做的就是做好自己，连接世界，一定要走这条路，可以走得更快"。

· "走出去、引进来"的品牌观

即便在好孩子一穷二白的时候，宋郑还依然坚持一个信念："我是第一，因为我可以是第一。"他把这一信念传递给员工，说实话当时大家并没有太在意。没有想到的是，好孩子仅用了四年就达到了中国童车销量第一的目标。在拓展海外市场的过程中，宋郑还逐渐形成自己的品牌观，即"不是世界名牌，就不是中国名牌"，好孩子品牌必须"走出去"。1996 年，宋郑还发明"爸爸摇、妈妈摇"秋千式婴儿车，他用这款产品吸引了美国的零售商，但名不见经传的好孩子根本不被美国消费者认可。为此，宋郑还开创了以好孩子负责研发和制造，合作伙伴负责渠道的 OPM 模式（原创产品策划设计提供商），带着好孩子和零售品牌商双标签的产品最终打开了美国市场。三年后，好孩子童车在美国的市场占有率达到 34%，成为销售冠军。宋郑还又把这个模式复制到欧洲，成为欧洲的销售冠军。

前　言

2010年好孩子国际在中国香港上市，2014年好孩子先后收购美国百年儿童用品企业Evenflo和德国高端儿童品牌Cybex，这两起跨国并购更多地考虑了资源和能力上的互补性。Evenflo有品牌、有市场、有制造，缺的是产品研发和创新能力，缺的是更有增长性的全球市场，好孩子恰好能弥补这些；Cybex有品牌、有设计，并打开了欧洲的小众高端市场，缺的是品类的多样化、市场的延展性，以及更高效的供应链，而同样，好孩子恰好能弥补这些。完成收购后，好孩子建立起覆盖高、中、低三个市场定位和渠道的自主品牌体系，包括战略品牌gb好孩子、Cybex、Evenflo、Kollplay，以及战术品牌Happy Dino、CBX、Urbini等。宋郑还通过"借力"建立起品牌金字塔，除了对应全球不同的市场需求之外，提升gb品牌的国际竞争力也是一个重要战略目标。收购的欧美品牌在全球市场继续做大的同时，如何将其品牌管理运营的能力溢出到集团整个品牌矩阵中，尤其是实现中国品牌gb的焕新、出海和增值，是宋郑还正在面对的管理挑战。

· **分享共赢的平台思维**

进入互联网时代以来，以平台思维整合社会资源，打通工业互联网和消费互联网，做行业的路由器，实现C2M（从用户到生产），这是宋郑还新的管理思想。宋郑还需要再一次颠覆自我："成功经验不是金科玉律，今天的核心能力很可能成为我们前进的陷阱。"好孩子需要重新审视自己的供应链能力、O2O经销能力、研发设计能力，探索面向未来竞争的发展动力。

将好孩子转型为平台型企业，宋郑还认为机会和挑战都存在于能否实现五个自我颠覆：企业的思维方式，特别是颠覆传统的逆向思维能力；基于分享经济、社群经济的以用户为中心的供应链模式；全球化拓展，做世界第一的品牌信仰；

V

技术驱动，将科技注入品牌基因的能力；建设共生型组织，互为主体性、整体多利性、柔韧灵活性和效率协同。

环顾全球，孕婴童是个大产业，却鲜有千亿级的大企业，好孩子的坚持能否诞生一个世界级的伟大企业？宋郑还喜欢作家阿尔贝·加缪的一句话："对未来的真正慷慨，是把一切献给现在。"自创业以来，宋郑还坚持每周六与昆山研发团队一起办公，30余年，风雨无阻。2021年，宋郑还在昆山的好孩子厂区新落成一个地标，绿草地上横卧着一块硕大的寿山石，镌刻着费孝通的题词"托起明天的太阳"：一方面，好孩子以孩童所需为事业，宋郑还希望好孩子提供的产品和服务能不负用户所托；另一方面，宋郑还希望能凝聚越来越多富有企业家精神的管理者，托起明天的中国品牌。

序言：创业之路

最近 10 年，中国经济进入深层次转型升级阶段，千千万万像好孩子一样的中国传统制造企业三省吾身、躬身入局，践行并推动"中国制造向中国创造转变、中国速度向中国质量转变、中国产品向中国品牌转变"。创业 30 余载，好孩子从无名之辈迅速崛起为中国第一，从隐形冠军勇敢走到舞台中央，直面消费者，建设自主品牌体系，在消费互联网和工业互联网的双网构建时代重新定义自己，颠覆自己，让好孩子站在新的起点上，面向未来竞争构建能力体系。

管理的本质是什么？中国古人的智慧，管理之道，道法自然。曾经有人请教松下幸之助："经营公司的秘诀是什么？"

松下幸之助反问道:"下雨了,你会怎么办?"问者答道:"打伞。"松下幸之助说:"我经营企业也没有什么秘密,就是坚持了一个基本原则,这个原则就是下雨打伞。"管理大师彼得·德鲁克认为,卓越的企业必须思考并能够回答以下四个核心问题:谁是企业的用户?什么是用户认可的价值?企业的用户价值是否与其经营战略相匹配?企业能从用户那里获得什么成果或价值?宋郑还的创业之路正是回应彼得·德鲁克的一个鲜活的案例。

宋郑还有很多通俗易懂的管理思想,折射的是朴素、积极的中国人生智慧。"做世界上没有的东西""60 分的厂长要带能 100 分执行的团队""做不了世界名牌就做不成中国名牌""所谓中国速度就是把别人休假的时间也用来工作""投资我先投,赚钱你先赚""我是第一,因为我可以是第一"……

· **"昆山之路"精神**

长江下游,有一段江,名为娄江,东出苏州娄门,抵达东海。昆山位于娄江中段,在秦朝设县。南北朝梁天监六年(公元 507 年),娄县分置信义县;梁大同二年(公元 536 年),又将信义县分置昆山县。如此,昆山已有 2000 多年历史,至明清时代形成北依马鞍山、南至娄江河、西濒仓基河、东临环城河的地理格局,长期处于自给自足、自然发展的农业经济形态中。

一座江南水乡小城,与昆仑山别称昆山有何相干?据我国现存最早的地理专著《元和郡县志》记载,"因县有昆山,故取名焉"。另据《昆新两县续修合志》记载,"昆山,故昆仑山,产玉……而吴郡东七十里有马鞍山,产石如玉,土人亦呼昆山,而县以是名"。从昔日苏州辖下区县经济实力最弱的"小六子",到 1988 年《人民日报》头版三评"昆山之路",再到 2000 年之后连续十几年领冠全国百强县，"昆山"名副其实——以海拔仅仅 80 多米的马鞍山之基创下直击昆仑之巅的改革发展成就。

昆山的历史转折点，正是党的十一届三中全会发出的一个信号：改革开放。通过建设工业区"筑巢引凤"，吸引国内外资本来昆山办厂，实现昆山经济高起点发展，是昆山政府和人民在心底默默达成的共识。

然而，昆山并没有优先进入中央谋篇布局的视野：深圳、珠海、厦门和汕头成为国家第一批经济特区；1984 年，大连、天津、秦皇岛、烟台、青岛、连云港、南通、宁波、广州、湛江、福州和上海闵行、虹桥、漕河泾成为第一批国家级经济技术开发区。经济特区和开发区表现出吸引外资和促进 GDP 增长的潜力。

昆山没有等待，而是采取了自发的渐进式的经济改革。当地政府开始投资基础设施建设，修建通往上海和苏州的公路、铁路，改善供水、供电、燃气、排污、通信和港口等基础设施。1984 年，昆山县政府组织考察组远赴深圳，学习蛇口工业区的招商引资模式，"成立一个招商引资平台"的想法就此萌芽。就这样，地方自主创建的工业园区动工了。"我们工业小区的定位，东依上海，把上海人不做的苦脏累活引到昆山来。"昆山开发区管委会原主任宣炳龙在接受电视台采访时说。

这些旨在吸引投资者的举措在 1985 年得到了回报。日本 SWANY 公司在昆山成立合资企业，建厂生产并出口手套制品。丝绸纺织业是长三角地区的传统行业，区位优势明显。中国苏旺你有限公司成为昆山第一家，也是江苏第一家中外合资企业。"万事开头难"，昆山地方政府的努力吸引了越来越多的中国台湾企业投资建厂，至 1986 年，开发区的面积从最初的 3.75 平方千米扩展到了 6.18 平方千米，几乎翻番。

1988年7月22日,《人民日报》在头版刊发《自费开发——记昆山经济技术开发区》长篇通讯,并配发《"昆山之路"三评》评论员文章,对昆山自费开发、艰苦创业、坚持走"富规划、穷开发"之路进行了深入报道。作为从江苏乃至全国改革开放实践中探索出来的重要经验,"昆山之路"首次被提出并在全国叫响。

1989年,国务院批准昆山撤县建市,地方政府在经济社会发展和治理方面获得了更大的自主权。1992年,昆山开发区得到国家认可,昆山被中央认定为经济发达城市,鼓励其进一步推进工业化和城市建设。昆山市不再仅仅依靠自己的发展资金生存,而是能够得到国家的扶持政策,并通过税收减免及降低土地使用价格等优惠政策吸引更多的投资。

2000年,昆山获国家批准成立出口加工区。通过调整农村产业结构,大力发展乡镇工业,昆山的经济重心逐渐由农村向城市转移,由封闭型向开放型转变,连续领冠全国经济百强县。昆山人在中国改革开放的时代浪潮中激流勇进,闯出一条"昆山之路",而昆山人宋郑还,就是千千万万个行路人之一。

· 两个人生理想

在第一批落户昆山的台商中,杨登辉是其中一个。在回忆起1989年第一次来昆山时,他说:"这里到处是稻田。县城只有几条小街,到了晚上7时,昆山一片漆黑。电话机要用手摇才能打到上海。"[①] 在杨登辉这样的台商们凭着敏锐的商业嗅觉陆续抵达昆山创业的同时,本书的主人公——宋郑还则是被逼无奈地下海了。"如果没有改革开放,我就会实现自己的人生理想——成为一名教育专家。"

---

① 港澳台胞见证改革开放——昆山:"小六子"的华丽转身[N].人民日报(海外版),2008-12-10.

在江苏电视台以"改革开放四十年"为主题采访40位重要亲历者时，宋郑还对着镜头坦白道。

在1989年之前，宋郑还是昆山陆家镇陆家中学的副校长、数学教师。他的数学课远近闻名，"连大上海都有人专门过来旁听"。回忆起教书育人的成就感，宋郑还眼里闪着和创业成功一样的光亮。宋郑还"干一行，爱一行，精一行"的态度与信心来自母亲的言传身教："我的母亲家中世代行医，从小她就跟我说，做人要靠24根肋骨和10根手指。"每个普通人都有一个相差无几的躯壳，人就是要靠这个躯壳去挣钱、去生活，不可能靠天靠地，更不要妄想靠别人施舍。宋郑还从小就深谙这个朴素的人生道理。

"我的性格有一点要强，相信自己一定能干好，干什么都能干好。"宋郑还回想自己当农民的时候，就成天琢磨如何提高稻谷的产量。看到报纸上介绍5406细菌肥料，他就自己捣鼓，在公社推广，水稻产量提高了30%左右。

全国恢复高考之前，江苏走在前面，师范学院开始招生，宋郑还是昆山第一批被录取的。"我是老三届，很有情怀，特别想要报国。读了师范，一门心思想成为教育家。"宋郑还经常跑到上海去听特级教师上课。走上讲台后，宋郑还上全省公开课，教室里里外外坐满了人，还曾代表江苏省去广西壮族自治区交流授课。

正是凭着这股"我是第一，因为我可以是第一"的劲头，当被地方教育部门委以重任之时，宋郑还二话不说地从一个人生理想切换到另外一个人生理想，摸着石头，背起校办厂一身债务，步履艰难但毫不畏惧地扛起了"民营企业家"这个称号。

2019年，好孩子三十而立。宋郑还在很多场合亲述好孩子的创业历程，笔者将其像一块块拼图一样衔接起来，以拼凑出一幅画。这幅画既是好孩子的成长简史，也是"好孩子之父"宋郑还的管理思想扎根的土壤。

·副校长临危受命

"一方水土养一方人，没有昆山就没有好孩子。"宋郑还从小在昆山水乡长大，出门就坐船，船蒿撑出了他的童年。宋郑还的名字中含有两个百家姓，宋是父姓，郑是母姓。当年父亲入赘郑家，郑家是昆山的名门望族，世代行医传承有800余年，母亲是江苏上海一带有名的郎中。母亲生下次子宋郑还后，将其郑重"赠还"给宋家，成全宋家香火，母亲的大义之举令宋郑还感慨一生，而宋郑还在商场和管理上所表现出来的豁达仁厚正是根植于此。

陆家中学的校办厂创办于20世纪70年代末。起因是学校一名化学老师，他从昆山一化工厂倒在河岸边的下脚料中提炼出了纯铜。纯铜提炼出来后怎么办？有一位老师说可以用纯铜做拇指指套，卖给当地农民，在水稻插秧的时节戴上，保护手指不被秧秆子割伤。做金属指套就要开模具，老师们自己动手，做出了指套模具。顺着纯铜原材料加工的思路，老师们又研制出插秧机上的铜爪。好孩子的前身信义模具厂就这样被一群乡村中学教师办起来了。

"一开始效益不错，一年挣几百元、几千元，后来想迈大步，向社会招聘了一位厂长和几个技术骨干，做起了模具冲压生意。"宋郑还回忆起老师们创业的往事啼笑皆非：笑的是大伙儿齐心协力、埋头苦干，毫无畏惧之心；啼的是没有技术，不懂市场，毫无风险意识。1986年，上海玻璃器皿厂找到校办企业信义模具厂，想合作为日本夏普公司生产微波炉的外壳。"玻璃厂看中我们是校办企业，不需要交所得税。我们没有一点儿基础，只会炼铜。玻璃厂来学校征地了，学校动员老师们集资18万元，我拿出800元血汗钱，还向哥哥借了点。18万元家底，造了4个生产车间，很快就没钱了。"微波炉外壳倒是生产出来了，可是拿到北京一检测，严重不合格。

世界上第一台微波炉商品诞生于1947年，就像第一台计算机一样，是一个大块头，而与我们的认知比较相符的电子微波炉要到20世纪70年代才成型。一个玻璃器皿厂加一个校办模具厂都对微波知识几乎一无所知，以为简单组合日本提供的元器件就能生产出一台微波炉，后果可想而知，微波泄露值超过标准的几万倍。更不可思议的是，信义模具厂似乎根本没有考虑20世纪80年代的中国市场到底有多少家庭能够消费得起。

"80年代末期，微波炉的概念并没有被中国市场接受。1988年，模具厂濒临倒闭了，老师们的血汗钱都要泡汤了，走投无路。"教师们集资创业失败之后，对家庭和事业的影响很大。宋郑还去检查老师的备课笔记时，同事毫不客气，先跟他要钱。"有的老师临上课了找不到人，找到了人第一句话就是先还我钱。好多老师要走了。陆家中学曾是省重点中学，恢复高考后，全国录取率只有千分之四，我们学校每年都有人被录取。可是现如今，学校的桌椅缺胳膊少腿，几乎每个老师都受财务问题牵连，没有积极性教书了。上海玻璃器皿厂也撤资了。"从1986年到1988年，仅仅用了两年，微波炉项目就把校办厂拖垮了。

当时的校办厂归文教局管理，文教局局长是宋郑还的邻居，找到他说："学校三个校长，你年纪最小，你来当厂长。"为了稳住老师们的情绪，局长叫宋郑还挺住。

· 跑大上海求生计

如何挺住？祖祖辈辈行医的宋郑还觉得"真要命了"："账上没钱，工资发不出，讨债的人一堆，工厂还没有活儿干，怎么办？"宋郑还想起校办厂外聘厂长那会儿，曾经到上海去找生意。"我就如法炮制，拿自己的钱出来跑上海。"

从昆山市陆家镇到上海市有一条铁路，站名陆家浜，从宋郑还家要步行六里路。"早上坐火车到上海，去找各种门路，有的通过熟人介绍，有的硬着头皮去拜访。上海的公共汽车和电车如何转车换乘，我跑得门儿清。在公交车站，上海人都来找我问路，换乘得当可以省下一两分钱。"

宋郑还磨破嘴皮子跑坏几双鞋从上海拿过来的活儿，就像强心针一样，维持着工厂的生命，但因为要么价格低赚不到钱，要么技术含量高做不了，没能让工厂枯木逢春。上海有一家医疗器械厂要找人生产抽屉柜条，当时国内没有工厂能生产抽屉柜条，全部由日本进口。医疗器械厂给了宋郑还几根样品，让他拿回去研究。"我找了师傅一起研发，但没有设备，工艺能力又低，也缺乏技术人员，这件事情没有做成。"

机会似乎来了。上海大场地区一家军工厂要军转民，想做婴儿车，总工程师恰好是宋郑还补习班上一个顺利考上大学的女学生的家长。军转民对军工厂也是莫大的挑战，总工程师托人买到一辆美国的婴儿车，拎着就来昆山找宋郑还："宋校长，只要你们校办厂能生产，我们军工厂包销。"

宋郑还从来没有想过自己会跟童车打上交道。他把车子拿到车间，开始"庖丁解牛"。他发现童车上用了一根弯成直角的空心管，照理说只要一折弯空心管的内侧就会瘪掉，美国人是怎么做到的呢？宋郑还到处找答案，终于在上海市青浦区参观一家折叠椅工厂作业的时候发现了玄机。就这样依葫芦画瓢，童车终于研制成了，然而军工厂并没有像先前承诺的那样有能力包销，这件事情又没有做成。

面对一次次的挫败，宋郑还想起妈妈的教诲："做人要靠24根肋骨和10根手指。""人站在社会上要正，要对社会有价值。我要做什么，不知道，但知道不要做什么，那就是下定决心要靠自己。"宋郑还攥紧了拳头，"现在很多人说创新要先有资本，我认为要先动脑子。我当时就喊了个口号：做世界上没有的东西，每个家庭都需要的东西！"

这个靠宋郑还日夜奔波勉强维持的模具厂新进了一名员工小李。小李是上海知青，想通过昆山这个跳板回原籍。脑子灵光的小李看到宋郑还办公室一个摇椅产品的小样，就说："宋校长，我还以为这是童车咧！"两个人一拍脑袋，摇椅安上车轮，可不就是既可以摇又可以推的童车嘛！

宋郑还日思夜想，争分夺秒，一头扎进多功能童车的制图设计中。宋郑还无师自通地想到了用"棘轮结构"解决双功能问题，他的数学功底在制图上起了作用，"一个人全身心投入进去的时候会出奇迹"，推和摇双功能婴儿车就这样诞生了。

· **成为发明家还是企业家**

让发明躺在纸上还是进入车间？宋郑还多想把这个呕心沥血的发明尽快变成商品走进千家万户，可是信义模具厂没有钱组织生产。无奈之下，宋郑还向苏州科委申报了双功能婴儿车的发明专利。听说宋庆龄基金会要在北京组织一个全国妇幼孕婴产品博览会，宋郑还和小李买了火车票带上样品车，北上寻找机会。

在全国农业展览馆的大厅里，宋郑还不由地有点自豪，博览会上商品琳琅满目，但真正创新的东西并不多，这辆双功能婴儿车备受关注，参观的人络绎不绝。"小

| 自我颠覆：宋郑还管理思想探究

李销售出身，很会吆喝。我们的发明创造获得了博览会一等奖，我们俩就像如今明星得了奥斯卡金像奖一样高兴。"四川省内江市一家想转型生产儿童用品的童装厂当场就下了订单，希望六一儿童节交货。高兴得忘乎所以的小李一口应承下来。

宋郑还回到昆山时，童装厂的5000元预付款不仅到账了，而且已经支出了一部分。要开模具，要买材料，要组织生产，根本不是5000元预付款能解决的。宋郑还想到了忍痛卖专利。上海市浦东区有一个镇办企业需要差异化产品，跑到昆山看了宋郑还的发明之后，一拍即合，买下了专利使用权，宋郑还终于有了4万元启动资金。

尽管模具厂的职工都习惯性地喊着"宋校长"，甚至创业30多年后的今天，仍然有老员工这么亲切地喊宋郑还，但他知道，他已经走上了一条不归路——需要他全身心投入的"救厂兴厂"的新事业。1988年，宋郑还走下讲台，全职进厂管理。陆家中学教师的18万元集资款连本带利，已经变成20多万元了。他有了一个"商业模型"——聚焦儿童用品，搞研发，卖专利，还贷款。

南京新街口一家百货公司的王姓经理调侃宋郑还："宋厂长，你这个怎么叫多功能，至少三功能才能叫多功能啊！你要是能研发多功能婴儿车，我这儿就好卖，一个月从你那里进500辆没问题。"王经理的话激发了宋郑还：研发四功能童车！有了之前研发双功能车的经验，推、摇、躺和学步四功能车很快就设计出来了，宋郑还希望这个专利能卖6万元。

宋郑还做了一个画板展示四功能车产品设计图，和厂里的叶工程师一起跑到了当年深圳举办的专利展览会上。没想到展示第一天，专利转让费就被抬价到了八九万元。"平顶山煤矿一个工厂出价15万元。"知识的力量震撼了宋郑还，他心里嘀咕：自己放下栽桃种李的教育事业，为了还清同事们20多万元集资款的奋斗目标竟然这么快就要实现了？"想了一晚上，我说，我们撤，回家自己干！"三天的专利展览会，宋郑还参加了一天，就"逃回"了昆山。他算了一笔账，王经理一个月就能卖出去500辆儿童车，一年就是6000辆，当时这种多功能的儿童推车是"奢侈品"，单价一两百元问题不大，这样一年就能实现从救厂到致富啊！

回到昆山，没钱找钱，没物资找物资，宋郑还和职工们撸起袖子干起来。当时的昆山县政府班子很重视，组织财政局、物资局和四五家银行专门研究信义模具厂的贷款问题。"我们的财务报表资不抵债，银行还是一分钱没有贷给我们。"宋郑还经常向县经委一位王主任请教经济问题。在他的指点下，昆山农业银行陆家营业所冒着风险贷了5万元给工厂。

当时中国儿童用品行业有全国订货会，分别在北京、上海和天津举办，这些城市被称为一级站。1989年9月，上海玩具公司在湖南长沙召开行业订货会，宋郑还决定带着刚刚生产出来的好孩子多功能童车，去试探市场反应。

出发前，宋郑还向朋友借了2万元做了1万张海报。上菱冰箱有一个海报让宋郑还印象深刻，海报上是一个可爱的小男孩。宋郑还请当时上海知名的广告公司"金马广告"拍了一组小男孩的光屁股照，以醒目的"1234"为序，宣传童车的四功能，广告语是"陪伴宝宝成长，一直用到10岁"。当时没有人这么认真做婴儿车的广告。此外，宋郑还连名字也想好了，叫"好孩子"。

校办厂并不在长沙展览会被邀请企业名单里，宋郑还好不容易找到主办单位的负责人进了展览会，在两个童车厂的过道上安排了一个位置。"一个负责拉人，一个负责竖牌子，我负责介绍。"宋郑还兴致勃勃地回忆起当年试水的场面，"那

1万张广告画起了大作用。以前的广告大多是信息广告，譬如：上海红花牌童车向全国客户问好。从展览会到酒店，我们一路见墙就糊，厂商和观众都记住了'1234'多功能婴儿车，像变形金刚一样，童车行业从来没有出现过这种产品，此车一炮打响。"

1989年的秋天，"好孩子"呱呱坠地。宋郑还回忆上海玩具协会的一本内参这样写道："昆山出了一个童车厂，一辆四功能婴儿车会上订货量超过20多万辆。"同年11月，第一批好孩子童车发货。

这款多功能童车为何会受到参展商的欢迎？宋郑还认为它正是迎合了当时中国人"新三年，旧三年，缝缝补补又三年"的消费观念，实用至上。1989年，中国城镇居民的平均年收入为1797元[①]，当时一辆最高配置的好孩子多功能童车出厂价为130元，市场价在200元上下，对很多家庭而言，仍属于高档商品，并没有想象中那么好销。太原一家百货公司的采购员荣霞在展览会现场采购了200辆好孩子童车，回去后不得不自己做营业员，亲手把200辆童车卖掉。这个故事为几年后好孩子在全国拓展分公司做了铺垫。1994年，她辞去百货公司的铁饭碗加入好孩子，成为太原分公司的总经理。

· **自己打倒自己**

1989年年底，宋郑还终于把陆家中学教师的集资款连本带息清偿完毕。他长舒一口气："老师们拿到钱高兴了，我如释重负。"但除此之外，校办厂还欠着银行和协作单位不少款项。"之前是卧薪尝胆，从此是真正开始创业了。"宋郑还借了昆山当地农民一个几十平方米的住宅，挂上了童车开发部的牌匾，挂帅第

---

① 国家统计局.历年城乡居民家庭人均收入情况(1978—2018).

一任总经理。

用一款多功能童车高调打入市场的好孩子,并没有迎来阵阵鲜花和掌声,反而是铺天盖地的仿造。从1990年下半年开始,有的童车厂开始动摇好孩子客户的信心,说:"好孩子马上就要倒闭了,我们价格便宜,产品质量好。""当时就感觉到,除非自己打倒自己,否则无路可走。你仿造我第一代,我不断创新,推出第二代、第三代,始终走在仿造者前面。"宋郑还决定走大路、走正路。

当时全国的百货业展会一年举办一次,玩具业展会一年举办两次,好孩子就跟随这个节奏,在每年的3月份和9月份召开全国订货会,在会上推出大批新产品。经过两年的自我颠覆,好孩子的业务逐渐企稳。在襄樊的一次订货会上,上海童车厂的徐厂长拍着宋郑还的肩说:"宋厂长,你对社会的贡献很大。"同行前辈的肯定给了宋郑还信心的同时,也让他对企业社会责任有了更深刻的思考。恰逢一位记者来访谈,宋郑还就把刚刚品悟的一个道理说与他听:"一个企业能够生存和发展都是社会给予的、消费者给予的,社会为什么允许你生存,支持你发展?企业必须对社会有贡献。"好孩子的愿景"关心孩子,服务家庭,回报社会"由此而生。

如何给社会做贡献?宋郑还认为要抓住两点:一是创新;二是质量。通过这两个经营抓手,1994年,好孩子童车的销量达到全国第一。同时,宋郑还决定走出国门去竞争,"当不了世界名牌,就当不了中国名牌"。随着改革开放的深入,宋郑还看到越来越多的外资企业、国际品牌进入中国,如果不主动出击,终有一天会被市场淘汰。

一次次打倒自己,一次次变强变大。在宋郑还"我是第一,因为我可以是第一"

的创业精神驱动下，好孩子经历了三次蜕变：第一次成为行业中国冠军；第二次成为行业世界隐形冠军；第三次成为行业世界冠军。截至2020年年底，好孩子在全球拥有员工超过1.2万人，其中研发人员超过480人，中美工厂共11个，全球研发中心8个，自有零售店超过1000家，累计专利达到10000项，成为全球儿童耐用品行业当之无愧的领导者。

在三次蜕变中，好孩子实现了三个阶段的跨越式发展，即第一阶段（1989—1993）用中国资源做中国产品，第二阶段（1994—2010）用中国资源做世界产品，并最终跨入第三阶段(2010年至今)用世界资源做世界产品。好孩子正在致力于建设一个服务全球育儿家庭的全球生态系统。宋郑还说："我们一直在整合和发展公司在美洲、欧洲和亚洲的业务以增强核心能力。公司已经在产品创新、质量可靠、一站式的制造、卓越的研发能力和全渠道经营上闻名世界，但我们仍在持续更新和提升公司的知识和设施。"

从昔日中国好孩子公司（同名品牌，英文名Goodbaby）到今天的好孩子集团，在1994年至2014年这20年间，好孩子以灵活的"OEM+ODM=OPM"合作模式，以及基于资源互补的多次并购，完成了国际化发展，最终成长为一家拥有自主品牌组合的国际集团，并从一家婴童耐用品研发、制造和销售公司转型为一家孕婴童多品类（除食物）全渠道的品牌运营商。好孩子的自有品牌包括战略品牌Cybex、Evenflo、RollPlay和战术品牌ExerSaucer、CBX、Urbini、HD，它们形成一座好孩子的品牌金字塔，以满足全球低、中、高不同市场的用户需求。

· 初探美国市场失利

曲南，现任好孩子国际执行董事，北美及南美市场主席，主要负责集团全球蓝筹[①]客户，并担任美洲市场总负责人。在此之前，曾任公司副总裁，主要负责管理海外大客户及海外资源。曲南于1994年加入好孩子，是好孩子海外业务的创办成员之一，他说自己与宋郑还、富晶秋（联合创始人）是行业"三剑客"，经过30多年的并肩作战，情同家人。对于好孩子而言，开拓欧美市场是国际化的关键一站，而对美国名校MBA专业毕业不久的曲南而言，则无异于一次创业。

1993年，才4岁的好孩子以1亿元销售额成为中国童车市场的冠军，建立起覆盖全国的分销网络。宋郑还认为"不是世界第一，就不是中国第一"，于是开始策划发展国际市场，并决定以美国为起点。当时的国际市场鲜有中国产品，且多在二级市场，由唐人街的批发商、港台的中间商及代理商把持着销售渠道。好孩子为美国客户贴牌生产并由当地华人开办的合作公司销售的产品，同样没有进入主流市场。

1994年，宋郑还考察美国市场，留学生曲南担任翻译。对于美国市场，宋郑还有两个惊人的发现：一是好孩子产品的零售价比中间商的拿货价高出5倍，而好孩子产品的价格优势没有为中国工厂带来额外的订单；二是合作公司的同一个订单下给国内多家生产商，价低者得订单，极不诚信。当时，美国每年的新生儿约有400万人，按照美国的消费水平和消费观念，这就意味着童车销量每年就有400万辆，且有明显的高、中、低价位区分。而中国儿童推车年销售量不足50万辆，且已经打起了价格战和抄袭战。宋郑还下定决心进军美国市场，与年轻人曲南在宾馆促膝长谈到天亮，为曲南画了一张创业蓝图。

1994年4月，曲南回国，第一次到好孩子昆山总部。宋郑还把工厂主管都

---

① 蓝筹客户：好孩子通过OEM、ODM或OPM模式合作的重要国际品牌。

叫到展厅，一起挑选了 14 款童车样品。这些样品要通宵赶制，以搭上曲南第二天 10 点的飞机。宋郑还看着大家熬夜奋战的场景，振臂一挥说："曲南，全厂的灯都是为你而亮的！"曲南第一次相信"打造自己的品牌，把产品送到美国零售商手中"的战略是可以实现的，因为中国大后方有供应链保障。

回到纽约，曲南注册了好孩子美国公司（Goodbaby USA, Inc.），并开始向零售商推介童车样品，结果发现不论工艺还是设计，与美国市场并不对路，进不了连锁店，寻找合作伙伴成了唯一出路。1994 年 10 月，好孩子美国公司从纽约搬到洛杉矶，与当地一位美籍华人成立合资公司，由他出任总裁，曲南作为工厂方的总代表。合资公司以好孩子出产品、合作方出资金和场地的方式进行，并创立了自己的品牌，但这种模式只延续到 1995 年 6 月。"在美国，儿童用品行业十分注重法律责任和保险，终端零售商不愿和中国厂商直接打交道。"好孩子品牌直接打入美国市场的梦想被击碎了，曲南认识到要进入美国市场，必须与本土的主流品牌开展紧密合作。

· 打动 Cosco 的 15 分钟

"它必须拥有我们中国公司不具备的几个重要因素：第一，要有品牌，因为美国消费者不接受不知名的新产品；第二，要有完善的保险、法律责任与服务；第三，要有非常完整的销售渠道，能进入美国主流销售渠道。"曲南希望找一个好孩子能拥有话语权的像兄弟般的合作伙伴。

机会来了，这就是 Cosco 公司。Cosco 在美国拥有 80 多年历史，靠做金属火柴盒起家，20 世纪 80 年代开始进入婴童用品行业，1988 年被全球消费品巨头 Dorel 收购，90 年代初成为全美前三大儿童用品公司（另外两家是 Graco、

Evenflo），也是美国最大的儿童汽车安全座生产公司，儿童推车仅仅是其产品线中的一类而已。1994 年年底，因产品质量及价格缺乏竞争力，Cosco 宣布退出婴儿推车行业，想找一家公司卖掉仓库里的婴儿车车轮。好孩子认为这是一个千载难逢的机会。经过业内人士引荐，Cosco 总裁 Nick 答应接见宋郑还，但只有两个会议间的 15 分钟时间。

Nick 走进会议室，期待着谈轮子的事情，宋郑还则"啪嗒"一下，打开了自己新发明的"爸爸摇、妈妈摇"婴儿车，"Nick 的双眼就像美国国徽上的鹰，鼓掌称好。他看到了商机。"回忆当初，宋郑还两眼发光。

宋郑还回到中国的第三天，Nick 就跟过来了，参观完好孩子昆山的研发基地和工厂后即决定开展合作。好孩子结束了与原美国合作方的 OEM 模式，开始了与 Cosco 的 OPM 模式。"所谓 OPM，P 就是产品，好孩子创建国际研发体系，自主研发、制造，联合国际名牌企业，借品牌、借通路。"宋郑还希望通过 OPM 模式，将中国第一的好孩子发展成为世界销售冠军。

- **达拉斯会展一炮打响**

1996 年 3 月，好孩子的新公司 GBG Children's Products, Inc. 在美国成立，第一个计划是以崭新姿态参加当年达拉斯儿童用品展会。宋郑还把双方计划的 17 辆推车参展扩大到了三倍，即 51 辆。没有人相信这件事情能够完成，曲南信任宋总："他要做的，就是让所有美国大买家进到 Cosco 的展厅时眼前一亮，重新认识到 Cosco 是推车行业里的重量级选手。既然与好孩子合作，我们就要让它亮出大公司身份。"新品在中国昆山如期完成，曲南租了几辆面包车去机场接产品时，"都有几分特殊的气派和豪迈"。好孩子有如此高效的研发和生产制造能力令 Nick 难以置信,他圈出展厅 1/3 的位置(整整一面墙)来展示推车。

10 月的达拉斯展是美国婴幼童用品生产厂商联合会(JPMA)每年最大的展会,是各家公司展示实力、推出新品、市场公关的关键时刻。"好孩子集团"五个中国汉字出现在 Cosco 的展厅里,儿童推车产品上标注着"Cosco by Geoby"(Geoby 为好孩子在美国注册的品牌)。"这是自 1994 年踏入美国以来,好孩子第一次真正获得的成功,是首次按计划行事并达成预定目标。"宋郑还认为好孩子的产品在设计、研发和工艺上仍有待成熟,但其拳头产品"爸爸摇、妈妈摇"和过硬的供应链能力让美国零售终端相信这家公司的产品能行。

在达拉斯会展上一炮打响后,好孩子的产品正式进入美国主流市场。在正式出货的第一年,订单从 0 做到 700 万美元,超出两家公司起初签订的合同约定额。好孩子一系列童车产品进入美国多家婴童商店,登上显要的货架。随后几年,好孩子在美国的业务一直以翻番的成绩上升,后来双方不在合同中列举"业务量"这条规定,而是用信任和实力为证。曲南回忆起来,至今难掩兴奋:"从 1996 年到 2001 年这几年的工作让人倍感激动和鼓舞,那种前无古人的商业合作模式真的有着无论如何评价都不过分的爆发力。"1997 年,因 Nick 邀请和建议,好孩子美国公司从洛杉矶搬到了 Cosco 的大本营——美国中西部印第安纳小城哥伦布,开始与 Cosco 总部前线团队并肩作战。

两家公司强强联合的效应很快显现,随着新一代的双人车、合装车和大轮越野车等新产品的跟进,业务迅速攀升,拥有了很多重要客户。"在美国市场,只要同时拿下 Walmart(沃尔玛)、Kmart、TRU/BRU 和 Target 四家大连锁公司,我们的产品就能渗透到 85% 以上的儿童用品市场。"为提高双方决策时效,Nick

序言：创业之路

明确表示在推车设计方面只要好孩子有产品，Cosco 就负责销售。产品的纸箱上写有"Designed and Manufactured by Goodbaby in China"(中国好孩子设计制造)，在产品上也采用联合商标，即 Cosco by Geoby，包括产品侧面平行位置也有模具打造出来的好孩子商标。宋郑还也把好孩子在美国的商业运作，甚至定价权，交给 Nick 来裁定。两家公司相互确认独家合作关系，由好孩子组织产品的研发、设计和制造，Cosco 配合产品的销售、维权、法律等事务。

·瞄准美国中高端市场

在美国普通消费者心中，Cosco 只是在沃尔玛销售的大众品牌，要进入像 TRU/BRU 这样的商店很难。为了进入中高端市场，Cosco 靠购买"执照品牌"Eddie Bauer 入市。这看起来是一个成功的策略，好孩子和 Cosco 成为这家位于西雅图户外用品公司的第二大执照用户（第一大执照用户是福特汽车的一款 SUV——Ford Explore）。然而，因为要支付 8% 的执照费，Cosco 高端产品的价格优势大打折扣，销售量亦随之下降。好孩子有多功能和独到的设计，如何进入美国中高端市场呢？

2001 年，Dorel 买下美国仅次于三巨头的儿童用品品牌 Safety 1st，这个高价位品牌当时没有推车背景，好孩子美国公司再次抓住了机遇，立即做出部署，产品研发依据 Safety 1st 的品牌内涵来设计，譬如配置防滑车把、防汗管套、避震脚踏等以增强产品的安全舒适性能。2002 年后，好孩子在美国的产品更新换代，顺利进入中高端市场。借助 Safety 1st 的品牌资源，好孩子很快进入跑步机、儿童拖车及三轮车等领域，产品定价上了一个新的台阶。

随着 Cosco 与好孩子合装车产品销量的增长，当时的运作方式成为一个阻碍发展的瓶颈。好孩子中国工厂生产推车，海运到美国 Cosco 印第安纳的工厂，与其生产的汽车座合装，再发货给沃尔玛等客户。到达客户之前，这种生产方式要历时 90 天，而且辗转运输的成本高昂，还造成多个纸箱包装的浪费。好孩子提出，如果汽车座也能在好孩子中国生产的话，成品直接运送给客户，时间可以缩短 40 天，成本也大幅降低。但这个建议遭到 Cosco 公司上下一致的反对。原因是他们认为把这么关键的核心产品和技术转移到中国，很多美国人难以接受。另外，汽车座的质量要求非常高，其材料只用指定厂商埃克森（Exxon）公司生产的 7033N。

尽管 Dorel 公司一致认为好孩子是生产推车的大公司，但无法生产汽车座。宋郑还深知作为一家儿童用品公司，没有汽车安全座产品，没有合装车的生产能力，根本不配做行业里的领导者。宋郑还鼓励总部的研发人员："汽车座不是什么上天的火箭，只要用心，没有做不成的道理。"

达拉斯会展后，为了说服 Dorel 的管理层，好孩子组织了一次路演。宋郑还带着研发技术专家到访哥伦布总部，在 Cosco 工程、技术、质量、安全和工厂的管理层面前，展示了好孩子在技术、工艺和精神三个层面的创意和能力。Nick 最终拍板将汽车座交给好孩子生产，但初期采取中美工厂同时生产的办法确保供货安全，并启动一个硬性指标——中国生产的产品，其安全、性能、技术等指标都要超过同类产品美国标准的 20%，以增加安全系数。

中国工厂抽调专家组成汽车安全座团队，通过不断组织召开中美视频会议及美方派专家指导的方式，终于按美方要求把儿童汽车安全座生产出来了。1999 年，好孩子开始代工销往美国的婴儿汽车座，并实现了由好孩子直接发货的最初目标。

接下来，Dorel 欧洲公司也把具有更高标准和价位的汽车座产品转到好孩子中国来生产。

· **升级至董事长项目**

曲南认为好孩子在美国和欧洲市场的发展都有一个特定的政治环境。在美国，Cosco 总裁 Nick 与好孩子锁定一对一的合作关系，这种关系为后来两家公司业绩的高速发展起到关键作用。在 Nick 主持 Cosco 工作期间，Dorel 加拿大总部给了他极大的自主决定权。但是，2002 年 Nick 突然离职，合作关系何去何从？

好孩子美国公司第一时间与 Schwartz 家族主要成员取得联系，他们是 Dorel 集团的拥有者，也是真正的老板。曲南飞到加拿大蒙特利尔总部拜访，介绍过往业务与合作情况，重新确立战略伙伴关系。之后，宋郑还飞赴加拿大会见 Dorel 集团高层。自此，加拿大总部直接介入与好孩子的合作。两家的关系正式进入更高级别的"董事长项目"阶段。Dorel 的董事长 Martin Schwartz 和公司创始人之一 Jeff Segel 也带领美国主要零售商 Walmart 和 TRU 等买家多次访问好孩子。

从 2002 年到 2009 年，尽管 Dorel 美国和欧洲分公司多次更换领导层，好孩子美国公司都努力与新团队建立合作关系，使双方的合作业务得以延续。"虽然我们和公司总部高层的关系非常好，但我们深深明白，市场的问题必须要在 Dorel 分公司层面解决，而不能轻易动 Dorel 加拿大高层的尚方宝剑。"事实证明，宋郑还基于尊重和信任的做法是明智的。

· **欧洲"响雷计划"**

好孩子进军欧洲市场项目有一个名字——"响雷计划"。2001 年，好孩子开始与 Dorel 在荷兰的分公司 Maxi-Cosi 合作。该公司是生产汽车座的鼻祖，欧洲人甚至把汽车座都叫作 Maxi-Cosi。当年，Maxi-Cosi 收购荷兰著名推车品牌 Quinny，并请原 Quinny 品牌家族老板之一 Dick Quint 领导 Maxi 推车项目，好孩子的"响雷计划"就是要争取 Quinny 产品线的订单业务。好孩子一方面请曲南挂帅直接联系 Quinny 高层，另一方面组织产品研发设计与生产制造，在极短的时间内按时完成模具产品并在当年的德国科隆展上大放异彩。"响雷计划"的成功标志着好孩子全面进入欧洲高端推车产品市场。

2003 年，Dorel 再次出手收购法国第一大儿童用品公司 AMPA，其品牌推车的业务量是 Maxi-Cosi 的三倍。加拿大把 Dorel 欧洲领导权放在法国，原荷兰总裁黯然离职。然而，法国高层并不看好好孩子，其在中国南方已有不少成熟的 OEM 供应商。2004 年，好孩子在欧洲的业务"挣扎"了一年后，法国公司新开发的旗舰新品 LOOLA 在中国的代工遇到困难，被迫转到好孩子，这次机会让好孩子赢得了法国团队的信任。Dorel 欧洲新总裁自 2004 年年底上任后，好孩子的欧洲业务有了进展。

· 自主开发南美洲市场

自 1996 年新的美国 GBG 公司成立以来，好孩子真正自主开发的市场是南美洲。好孩子在南美主要市场如巴西、阿根廷、智利、委内瑞拉、秘鲁等，寻找独家代理商。从 1996 年到 2000 年，曲南跑遍了上述国家主要婴儿产品展会，并到现场演示产品。"南美市场的开发充满艰辛，原因在于当地政治危机和金融危机不断，尤其是在 21 世纪初，货币严重贬值，对婴幼儿产业震动非常大，当时行业里其他美国大公司因为缺乏灵活性，采取给所有客户按美元结算的'一刀切'做法，致使很多公司倒闭，连带自己在美国市场也几乎崩溃。"曲南在向宋郑还汇报工作时写道。

2001年10月，同样问题出现时，曲南六天依次走访了巴西、阿根廷、智利了解情况，考察市场动向和客户存货。他发现主要市场的内销环境相对稳定，老百姓基本安居乐业，判断只要给客户和市场缓冲的机会，市场自己会做出调整。好孩子的这一做法让很多客户在危机中"存活"下来，在之后的18个月里，好孩子的货款陆陆续续收齐。"在危机期间，选择客户是第一要务，客户有绝对的诚信，才可以考虑合作。"曲南在选拔合作伙伴的过程中严格秉承着这一信条，好孩子在南美的业务逐渐开展起来。

"好孩子在拓展海外市场的过程中，实行不同区域和市场根据现实情况采取不同策略的做法。"曲南认为美国具有大市场、大连锁的特征，而欧洲国家小、区域性强，以专卖店为主导，这就需要采取"以主要伙伴合作为主，发展和建立区域性的优秀合作公司"的模式，在英国有Silver Cross，在西班牙有Casualplay，在德国有Cybex，这些区域性客户发挥本土市场的品牌优势，好孩子发挥产品开发和生产优势，双方在财务上实现了高利润的共同目标。"在商业模式上，我们采取'美国、欧洲，包括日本等成熟市场分别对待，二级市场则循序渐进，稳定南美，扩大俄罗斯、韩国、中东、非洲等其他市场'的发展战略，尤其是新兴市场的业务一经形成，其总额也将十分惊人，是我们未来发掘的重点。"

- **"交钥匙"工程**

2006年，好孩子美国公司在波士顿设立分公司，旨在逐渐介入合作方的市场研究、产品开发等前端核心业务。"他们在前端探索市场和需求，我们在后面设计和生产的历史终将结束。"曲南相信通过努力，好孩子的价值远不止OEM。

| 自我颠覆：宋郑还管理思想探究

2007 年，好孩子在美国和荷兰成立研发设计中心。2008 年，美国分公司在昆山举办了一次展示会，向 Dorel 美国和加拿大高层展示了 40 多个概念产品。之后，Dorel 欧美的推车产品、婴儿汽车座产品陆续交给好孩子设计研发。

从 1994 年萌生"世界第一"的志向以来，好孩子在国际市场上不断拓展，行业地位不断提升，由 OEM 厂商进入新的发展阶段——全面解决方案供应商。宋郑还说："这是一个'交钥匙'概念。我们不仅在服务、价格、质量等方面提供价值，还在此基础上提供市场调研、产品创新开发、工程技术支持及所有相关产品专利分析、安全标准等全方位的综合服务。"

为持续巩固和加强已有的优势地位和核心竞争力，既保持市场战略的高度，又针对各地的不同特点实现本土化经营，好孩子开始在全球组建研发中心。继 2007 年好孩子位于美国波士顿、荷兰乌特勒支、日本东京的海外研发中心正式启用之后，2010 年，好孩子位于中国香港的研发中心也宣告成立。以昆山总部为中心的全球化研发体系集市场调查、产品设计、工艺技术、标准研究于一体，从洞察行业潮流和消费需求入手，通过信息共享与高效联动，以融合科技创新与艺术时尚的方式，为全球消费者开发基于婴幼儿人体工学、心理学和生理医学，并具有优越使用体验的产品。

为更好地服务全球市场，好孩子于 2010 年 7 月正式启用更具国际化的全新品牌标识 gb，并把集团主营产品研发、标准检测与生产制造的业务板块单独划分出来，组建好孩子国际控股有限公司。2010 年 11 月 24 日，这部分业务在香港联合交易所挂牌。截至 2010 年，经过 20 多年在婴童耐用品研发、设计、生产、营销和销售方面的专注经营，好孩子在中国建立起庞大的分销体系，包括 498 个分销商、1687个百货公司和卖场，下沉到四、五线城市的5785家母婴店；在亚太、欧美、中东等国际上开拓了可观的蓝筹业务，包括32个国际分销商和82个品牌商。

·国际并购与品牌组合

"品牌出海"是宋郑还的初心，OEM、OPM、ODM都是好孩子在国际市场发展自主品牌的路径尝试。通过与Dorel集团等客户的合作，夯实了好孩子的研发、生产、质检等能力。与此同时，由于市场竞争日趋激烈，国际代工业务收入逐年下滑，好孩子对于自主品牌的渴望变得越来越强。

在多年的合作伙伴中，宋郑还一直在寻找与好孩子的供应链能力形成互补的具有较强母国市场效应的品牌。2014年，香港上市公司好孩子国际接连收购了两家儿童用品公司。2014年1月27日，好孩子以现金偿付3851.3万欧元和发行新股偿付3219.85万欧元全资收购Cybex品牌方。Cybex是一家成立不到10年的主要从事高端儿童用品设计及销售的德国品牌。同年6月6日，好孩子出资约1.43亿美元，全资收购美国品牌Evenflo。创立于1920年的Evenflo是一家全球知名的婴儿护理及儿童耐用品供货商，在北美拥有稳定的营销及运营平台，其产品直接向沃尔玛、亚马逊等零售商销售。

宋郑还把两次并购定义为"强强联合"。Cybex的市场驱动和高端品牌定位与好孩子的研发和产品驱动模式正好互补，而且Cybex积累的专业知识能支持好孩子占领高速增长的汽车安全座椅市场。而收购经营不善但一应俱全的百年老品牌Evenflo，则符合集团以自有品牌巩固其在全球儿童用品市场的领导地位，同时有助于好孩子扩大资源支持与其他主要国际品牌发展联盟关系的战略。

好孩子将Cybex及Evenflo整合进集团业务版图，希望实现全球高效率及协同效应。在北美市场，Evenflo 为集团品牌提供物流及仓储服务，通过中国昆山的研发和生产支持，Evenflo 新添 7 款新产品。曾经是美国儿童用品行业前三名的 Evenflo，在被好孩子收购前已经连续亏损了 18 年，并购后不到一年，Evenflo 开始扭亏。在欧洲市场，Cybex 通过收购 Scandinavia 的分销商及在西班牙开设新的直销办公室，继续完善销售网络。借助好孩子的供应链能力，并购后的 Cybex 品牌如鱼得水，推新周期大大缩短，连年业绩保持两位数增长。

与并购同步，好孩子还开启了在美国市场的直营业务。好孩子推出了由沃尔玛独家经营的自主品牌 Urbini，与反斗城合作引入 gb 品牌。通过与北美市场主要零售商的直接合作，好孩子推出了 Rollplay 电动玩具车品牌。2014 年，好孩子向零售商的直销业务收入增长约 174.1%。在北美，好孩子自有品牌（不含并购业务）较 2013 年增长约 439.8%。

好孩子打破了行业里长期以来形成的供应商、品牌商、零售商三张嘴吃饭的格局，成为一家品牌经营公司。与此同时，好孩子开始在中国市场贯彻实施 BOOM 战略，致力于以品牌经营为核心，线上线下全渠道驱动，并通过移动互联网技术实现品牌与消费者的双向互动，打造好孩子集团的粉丝生态圈。2016 年，宋郑还把好孩子国际 CEO 职位让给 Cybex 创始人马丁（Martin），托付其好孩子自主品牌国际化重任。

2017 年 10 月，好孩子集团完成了对 gb 品牌、产品、渠道的整合，实现了两个突破：一是从儿童耐用品公司转变为儿童用品全品类公司，二是在中国市场从以分销为主的产品经营模式转变为以零售为主的全渠道经营模式。2019 年，gb 品牌在中国一、二线城市推出旗舰店，打造线上线下融合的体验服务零售业态。

分销渠道推出了"零售 + 社区"型电商的云门店模式。集团在数据中台的基础上，建设了在线 B2B 订货系统、直播营销系统和即时补货系统，形成了面向社群、直达 C 端、社交裂变的云店平台。

· **转型与未来**

两次国际并购实现了好孩子的三大母市场布局。"好孩子品牌到国际市场是客场作战，就会有水土不服的问题。但是，我们现在建立了德国母市场，通过德国辐射到整个欧洲，我们建立了美国母市场，通过美国辐射到整个美洲。2018 年，我两次被邀请到中南海参加李克强总理主持召开的民营企业家座谈会，Cybex 创始人马丁作为德国企业家被默克尔总理接见，好孩子美国公司于 2018 年 10 月和 2019 年 6 月两次作为美国行业代表参加了国会听证会，去审议总统对中国加税的问题。这就说明我们既是中国企业，也是德国企业，还是美国企业，都是本土作战、主场作战，这是很有意义的一件事情。"宋郑还用一页 PPT 展示好孩子的国际化版图，显示德、美、中三大母市场的功能定位：中国——总部 / 供应链管理中心；德国——品牌经营中心；中国香港——融资法务中心；欧美亚——七大研发中心；捷克——大数据中心。

至此，好孩子完成了五次转型升级：一是从产品经营向品牌经营转型，成为全球品牌经营商；二是从依附式经营向自主经营转型，成为以欧、美、中三大市场为主框架的全球市场本土化营运商；三是从婴儿车行业领导者向耐用品行业领导者升级，以婴儿车、汽车安全座两大支柱产业的共同优势，成为世界儿童耐用品行业的领导者；四是从中国资源向全球资源升级，以具有优势的品牌、研发、制造和团队，占领全球行业资源高地；五是从研发制造模式向全产业链经营转型，成为全球市场"一条龙"垂直整合模式的引领者。

宋郑还越来越明确好孩子的未来是要构建一个基于数据的产业路由器，让工厂"走出去、引进来"，通过数据协同、外联共生，实现产业互联网与消费互联网的无缝衔接，打造一个覆盖全球的孕婴童产业生态圈。他的计划是分三步走：第一步，打造三大平台，建立生态根据地——以品牌和产品为核心的内容平台，以新零售、新制造、新服务一体化运营的商业平台，以人才、大数据、资本为要素的孵化平台；第二步，合纵连横，衍生扩张产业链，开放整合外部资源，形成新的组织形态和平台生态；第三步，自我更新，持续进化，生生不息。

时至2022年，好孩子作为一家有着30多年历史的传统制造企业，正在向平台企业、生态企业探索和迈进。综观好孩子国际10年的上市年报和一度徘徊在1港元左右的股价，而这一路走来，必定充满坎坷。代工业务随国际贸易的形势跌宕起伏，高端品牌Cybex的销售贡献正在逐年上升，而Evenflo则遭遇反斗城破产、中美贸易摩擦、美国经济下滑等影响，自2016年以来并没有重大的业绩突破。而宋郑还寄予厚望的gb品牌，则自2014年以来换了五任总经理，仍在经历转型升级的挣扎与剧痛。

当好孩子自主品牌逐渐变强时，它不得不失去一些重要的被好孩子集团称为蓝筹的OEM客户，它们对好孩子的业绩增长依旧重要。宋郑还已经明确了好孩子的未来是要构建一个基于数据的产业路由器，让工厂"走出去、引进来"，通过数据协同、外联共生，实现产业互联网与消费互联网的无缝衔接，打造一个覆盖全球的育儿生态圈。

早在2012年，宋郑还就提出BOOM战略，这一战略的前瞻性早已被诸多互联网平台和品牌验证，但在以"研发—制造—分销"为创业基因的好孩子却迟迟没有产生巨大的市场反响。"B 指品牌，是我们提供给消费者的最基础的内容；OO 就是线上线下的流通平台、流量平台；M 是社交化的会员体系。"好孩子希望建立一个真正围绕用户需要的商业生态，从需求侧来整合供给侧，完成产业价值链的整合。这样的融合与整合之功，其社会和商业价值已非宋郑还当年发明的那辆多功能童车所能想象。"我们希望做给大家看，都可以来学。"宋郑还依旧坚毅地表态。

目　　录

|第一章| 技术驱动的价值观 / 001

　　按需研发 / 005

　　OPM 模式 / 009

　　全球寻源 / 013

　　深耕产品线 / 016

　　从摇篮到摇篮 / 020

　　"红色引擎" / 025

|第二章| 视质量为人格的生产观 / 031

　　"一把手"工程 / 035

　　三步品控 / 040

　　文化溯源 / 044

　　在危机中进步 / 047

| 自我颠覆：宋郑还管理思想探究

把握不确定 / 051

新质量观 / 054

| 第三章 | 内外联动的品牌观 / 059

品牌基因 / 063

"常春藤"战略 / 067

并购逻辑 / 075

BOOM 引擎 / 082

价值皈依 / 087

| 第四章 | 信念共享的人才观 / 093

坚毅信念 / 098

决策法宝 / 103

人才高配 / 115

和风计划 / 122

狮型干部 / 125

技师激励 / 128

连接世界 / 132

| 第五章 | 共生共赢的平台观 / 137

一个平台 / 141

四大战略 / 145

五个预判 / 147

零售场景 / 150

联网思维 / 153

创业不止 / 154

附录：20 年的随想 / 161

参考文献 / 165

第一章
技术驱动的价值观

第一章 技术驱动的价值观

中国制造业在开展国际代工业务过程中积累的技术创新能力是一个容易被忽视的事实。有学者认为，与日本和韩国通过技术引进方式创建和培育自有品牌的发展道路不同，中国沿海地区的国际代工模式缺乏产品设计和研发优势，缺乏具有自主知识产权的知名品牌，信息来源和销售渠道严重依赖海外供应商和进口商。[1] 也有学者发现中国企业在开展 OEM 业务时，逐渐积累自身的研发能力，形成自己的知识产权，进而创建自主品牌，实现了技术积累和创新。[2] 对于宋郑还而言，则是另外一个故事，其在全球婴童用品产业价值链上的演进路线是先有自主品牌，为进军欧美市场拓展国际代工业务，在 OEM 过程中强化技术积累和创新能力，通过并购再行自主品牌国际化的本意。因此，技术和品牌是宋郑还自始至终坚持的两条自主发展红线。

什么是创新？创新等同于技术研发本身吗？宋郑还用两次技术发明的实践给出了自己的答案，即真正的技术创新必须以市场需求为最终目标。他的这一理念与经济学家熊彼特不谋而合，熊彼特将创新定义为"发明和市场的新结合""创新就是产品的广泛普及"。也正是对满足市场需求的渴望，让宋郑还从最初多次出售专利的"发明家"身份转变为真正的"企业家"身份，因为企业家绝不会停

---

[1] 刘志彪. 中国沿海地区制造业发展：国际代工模式与创新 [J]. 南开经济研究, 2005 (5).
[2] 毛蕴诗, 戴勇. OEM、ODM 到 OBM：新兴经济的企业自主创新路径研究 [J]. 经济管理, 2006 (20).

留在发明创造一个概念或样品的成就感上。

2020年12月27日，宋郑还从中国工业大奖发布会上捧回一个沉甸甸的奖项，作为第六届16家获奖企业之一，好孩子是该奖项成立以来唯一获此殊荣的婴童用品企业。中国工业大奖是国务院批准设立的我国工业领域最高奖项，旨在表彰坚持科学发展观、走中国特色新型工业化道路，代表我国工业化的方向、道路和精神，代表工业发展最高水平。

技术创新能力对婴童用品企业意味着什么？宋郑还的答案是关系到生死存亡。"好孩子在国际市场上经历了很多坎坷，每一次危机都告诉我们，创新要走在前面，一个企业必须要有技术储备。"好孩子对技术驱动企业成长的认知经历了三个发展阶段，即创业早期的"发现技术"阶段、全球化时期的"坚持技术"阶段和转型时期的"理念升维"阶段。早期，好孩子不仅发现技术对于商业成功的重要性，还发现技术研发应该以市场为导向。在国际化阶段，好孩子坚持OEM与ODM双轨并行，独创OPM模式，一边拓展国际市场，一边积累原创性技术，迅速成长为全球行业隐形冠军。在数字经济时代，好孩子主动谋求转型，从以产品创新为导向的技术研发转向以消费行为和生活方式为导向的技术创新。

2021年，好孩子全年新增申请专利528项，集团组建智能科创中心，并在美国CES展会上首次展出好孩子智能系列产品。宋郑还创办好孩子的第一桶金来自几次出售童车的发明专利。技术驱动是好孩子的立身之本；坚持原发性创新是好孩子逐步崛起为全球行业冠军的秘密武器，更是好孩子正在转型为全球孕婴童平台型企业的核心引擎。

第一章 技术驱动的价值观

按需研发

好孩子的前身信义模具厂是中国20世纪80年代乡镇企业的缩影,在80年代早期依靠全民企业兴起,在80年代中期盲目扩张,在80年代末期因亏损被动调整。在改革开放的大趋势下,中国经济在20世纪80年代中期加速发展,乡镇企业异军突起,尤其是好孩子所在的苏南地区,更是占据半壁江山。在经济快速发展的同时也出现了物价波动较大、通货膨胀加剧、重复建设严重等问题。1988年9月,党的十三届三中全会决定治理经济环境,整顿经济秩序,调整产业、行业和产品结构,对乡镇企业采取"调整、整顿、改造、提高"的方针,减少了在税收、信贷等方面的支持和优惠措施,明确规定"乡镇企业发展所需的资金,应主要靠农民集资筹措"[①],信义模具厂的"集资破产悲剧"正是发生在这个阶段。

信义模具厂起家于炼铜,但为了扩张,在1986年为上海玻璃器皿厂上马日本夏普微波炉加工项目,向学校教师集资18万元兴建厂房和生产线,最终因为技术不过关、产品质量不合格而亏损百万元。宋郑还作为副校长也借款参与了投资,亲历了这场"因不敬畏技术而被狠狠教训"的创业闹剧。

宋郑还临危受命接任校办厂厂长的初衷并非为创造一家技术驱动型的企业,而是将工厂从亏损的泥沼中拯救出来,还清集资款,让学校和校办厂都走上正途。

---

① 胡明.改革开放以来我国乡镇企业的发展历程及启示——以1978—1992年江苏乡镇企业发展为例[J].党的文献,2008(4).

自我颠覆：宋郑还管理思想探究

对于一家毫无技术积累的工厂而言，宋郑还能做的就是到处找零活，依靠扫街式的市场开拓，他也的确接到了一些上海的工厂不愿意做的脏活、累活。然而，这样的代理加工活利润低、不稳定，对于工厂起死回生无异于杯水车薪。

宋郑还抓住了上海一兵工厂军转民寻求合作的机会。在毫无从商经验的宋郑还看来，销售难过生产，只要兵工厂负责销路，他就敢挑战婴儿车的研发和生产。宋郑还研发推、摇两功能童车的过程是模仿式创新的过程，也是组合式创新的过程。在试图模仿现成的国外童车产品时，宋郑还发现了一个技术难点，即空心钢管的直角转弯问题。他在参观上海市青浦区一家折叠椅工厂的生产时找到了答案，把折叠椅的空心管处理技术应用到婴儿车上，实现了婴儿车的自主研发和样品生产。如果止步于此，市场上无非多了一个模仿者、追随者，这不是骨子里就要胜人一筹的宋郑还想要的。

微波炉事件告诉宋郑还，在商业世界里，要想获得成功，就要赢得消费者。消费者需要什么样的婴儿车？带着这个问题，已经掌握了婴儿车基本工程原理的宋郑还想要发现更被市场渴望的产品和技术。当时的市场渠道掌握在百货公司手中，一位上海的百货公司负责人告诉宋郑还市场需要多功能婴儿车。如何在"推"的基础上叠加新功能？围绕婴儿的活动需求，宋郑还先是想到了"摇"，很快研制出双功能婴儿车，并申请了专利。技术不仅可以转化为生产力，技术本身就是生产力。宋郑还清楚知识的力量。迫于组织生产的资金和时间压力，宋郑还最终选择出售双功能婴儿车的发明技术专利，并在儿童推车研发上屡有收获，形成了通过自主研发申请专利并出售专利的商业模式。如果没有后续的下定决心自己投产，好孩子很可能成为一家儿童用品设计公司的名字。

第一章　技术驱动的价值观

在市场调研的过程中，宋郑还又发现双功能车的概念与市场真正需要的多功能车仍有很大差距。如何在推行、摇篮之上再叠加学步和睡躺的功能，这要解决诸多工程力学方面的问题，对于已年届不惑、半路下海的宋郑还而言，这其实难于登天。

宋郑还的身份首先是工厂管理者，其次才是技术研发负责人，而这也是无奈之举。改革开放早期的第一代中国企业家多多少少都有宋郑还类似的遭遇。他们大多出身于公职管理者，阴差阳错地成为民营企业家，而在创业过程中，又因为资源有限、建制不全，不得不身兼数职。宋郑还第一次成为"专利发明者"并尝到甜头之后，坚定了用技术突破换市场认可的信念。不考虑材料，婴儿车的核心技术有限，更多是实用新型、外观设计和生产工艺方面的创新，就技术的本质而言，是组合与解决方案，而非发明，其创造性往往容易被低估。

宋郑还的技术创新就是在婴儿车的实用新型功能上通过组合或叠加，最终形成新的产品，并且在新产品的研发过程和生产制造过程中沉淀出一些标准的解决方案，即布莱恩·阿瑟称之为能在未来的技术建构中成为新元素的"模块"甚至"标准工程"。

宋郑还的出发点是解决一个市场痛点，即一车多能。在具体研制过程中，宋郑还面临的挑战是寻找能实现结构工程的机械原理，即棘轮构造。"数学的训练令我思维方式上更求异、更多元化。在教学时，我总是告诉学生，换一种角度和方式试试。"宋郑还并不认为自己枉费工夫，因为他清楚将原理应用到实际生产中，有一道鸿沟需要像他这样愿意死磕的人去跨越。

1989年，宋郑还自行开发的四功能A型车申请实用新型专利，第二年获得授权。该款推车先后荣获轻工部优质产品奖、轻工部优秀新产品奖，并在全国玩具行业评比中以质量检验获满分的成绩名列第二名；在宋庆龄基金会主办的"全国妇幼孕婴用品博览会"上荣获一等奖；在轻工部等八部委举办的"中国妇女儿童用品四十周年博览会"上获金奖。

当这辆四功能车的专利转让价格在广交会上被抬到15万元时，这一次，宋郑还没有高价出售专利，而是选择注册品牌投资生产，"好孩子Goodbaby"厂牌由此诞生。好孩子的四功能婴儿推车因工艺技术的新颖性和领先性刷新了高端童车市场，并很快成为同行竞相模仿的对象，给没有生产成本优势的自己差点带来灭顶之灾。当时一辆上海红花牌婴儿推车售价不到50元，而好孩子四功能车的成本就是150元。一些生产规模比好孩子大得多的童车厂完全有能力生产性价比更高的多功能童车。降成本需要规模效应，需要时间积累，而被抄袭、被超越却是覆手之间。怎么办？宋郑还的答案是"自己打倒自己"，通过不断的技术迭代和产品迭代始终领先行业，不给竞争对手任何机会。宋郑还组建了研发部门，主要职责是研究消费者的心理需求并不断开发新品。如今，好孩子研发部门已经拥有上万项专利。

可以说，"技术"是好孩子的胎记，"技术驱动"是好孩子与生俱来的基因。对于好孩子而言，创业早期的"发现技术"体现在四个层面：第一，从盲目上马微波炉项目的失败中吸取教训，发现若不想走重复建设、低水平竞争的乡镇企业老路，掌握技术是成功的必由之路；第二，发现技术并非高不可攀，可以通过模仿和组合的路径获取新技术，而技术本身又会在实践过程中获得新的生命力，在组织中成为一个机体，会不断繁衍，孕育下一次技术创新；第三，发现技术的价值不在于技术本身,而在于满足市场需求,甚至创造市场需求,多功能婴儿车的研发正是满足了 20 世纪八九十年代人民群众对于耐用消费品的需求;第四,发现技术本身并不是竞争壁垒,而技术的持续迭代才是企业保持领先优势的核心竞争力。

OPM 模式

1989 年发明四功能婴儿车并创立好孩子品牌,1993 年好孩子就成为中国销量第一的童车品牌,第一家分公司在北京成立,这个过程只用了四年。在此期间,宋郑还亲自挂帅好孩子研发中心总经理一职,把抓技术研发当成头等大事。紧锣密鼓地转战于婴童用品全国几个重点展销会,宋郑还在这四年期间推出的童车新品数量让同行前辈都刮目相看。

20 世纪 90 年代初期,在整顿乡镇企业的过程中,江苏省抓住了中央对沿海地区的有利政策,鼓励乡镇企业大力发展外向型经济,积极生产出口创汇产品,发展"三来一补"①和"三资企业",利用外资和引进先进技术及设备、改造和淘汰落后技术及设备,增强国际市场的竞争力。同时,随着改革开放的深入,越来越多的外资品牌纷纷入驻中国。全球自行车龙头企业捷安特于 1992 年在昆山开发区投资设立捷安特(中国)有限公司,并于 1994 年正式投产。宋郑还敏锐地感

---

① "三来一补"是指来料加工、来样加工、来件装配和补偿贸易,是中国在改革开放初期尝试性地创立的一种企业贸易形式。

觉到如果不往前踏一步，好孩子将面临"内忧外患"的处境：一方面国内家庭消费能力不足，另一方面国际品牌终将逐鹿中原、围猎国产品牌。

改革开放给了中国一次承接发达国家制造业转型升级的机遇，依靠发达国家的技术溢出效应扩展中国制造业规模，成为很多企业的路径依赖，宋郑还希望好孩子走自主创新的道路，而且是自主品牌国际化的大路。他在1992年至1994年考察了日本和欧美市场，最终决定将"体量大，产品相对标准"的美国市场确定为国际化的第一站。但他很快就发现美国市场并不轻易接受陌生外来品牌，而且进入美国婴童用品市场的风控成本非常高。不可能用好孩子品牌征战美国市场，那么好孩子还有可能成为世界名牌吗？下一步怎么办？宋郑还根本没有选择，要么退出还在门口徘徊的美国市场，要么为美国婴童品牌代工。

在中国，好孩子已经不是昔日没有成本优势的好孩子了，它如今已经拥有成熟的生产制造能力。作为中国第一，在全球发达国家纷纷向中国转移生产制造的大时代，好孩子可以轻松获得为全球各大婴童品牌代工的机会。事实上，"贸工技"是一条让企业迅速做大的道路，而好孩子用两条腿走路，没有放弃自主研发。在国际化过程中，好孩子充分发挥了自己的技术优势，走出了一条用技术换市场合作的OPM新路。

OPM，即"Original Product Management"的简称，宋郑还认为这是好孩子区别于OEM（原始委托生产商）和ODM（原始设计制造商）的特殊发展模式。"P就是产品，好孩子负责产品，包括研发和生产，合作方负责销售，共创品牌。"宋郑还给好孩子起了一个美国名，即Geoby。在中国好孩子生产的童车进入美国商超时，厂牌名是"Cosco by Geoby"，甚至会在产品的包装盒上标注"Designed and

Manufactured by Goodbaby in China",即"中国好孩子设计制造"。Cosco 是当时全球最大的婴幼儿用品集团 Dorel 公司旗下的一个婴童品牌。除此之外,还有为消费者熟知的 Quinny、Maxi-Cosi、Bebeconfort、Safety 1st、Infanti、Angel 等品牌。Dorel 公司不会想到,昔日集团旗下一个品牌的合作伙伴有朝一日会成为自己强劲的竞争对手,而让好孩子没有在代工的温水中失去竞争力的正是 OPM 模式。OPM 模式的实质就是以产品创新为核心价值输出参与全球产业链合作,这一模式可以根据企业自身技术、设计和制造能力的发展阶段,灵活调整合作中 OEM 和 ODM 的比重,保持研发与生产双管齐下、比肩发展。

为了向合作伙伴证明好孩子的技术研发实力,宋郑还主动把 Cosco 要求研发 17 辆推车样品参加美国达拉斯儿童用品会展的计划调整为 51 辆。宋郑还为何要不计得失地"压榨"自己?他不仅需要获得合作伙伴的信任和尊敬,更需要帮助合作伙伴赢得市场的认可。而他清楚这次展会露脸对合作双方的意义,以及对好孩子国际化的意义。好孩子匆忙完成了 51 款新车,其设计、工艺和产品技术可以不尽如人意,但它首先需要的是吸引美国零售终端的注意力。更何况,由宋郑还研发的"爸爸摇、妈妈摇"产品就像当初吸引 Cosco 抛来橄榄枝一样,当场俘获了美国市场的"芳心"。

从 1996 年以 OPM 模式打进美国主流市场,到 1999 年成为美国童车市场的销售冠军,好孩子这一次只用了三年。2003 年,伴随 Dorel 进军欧洲市场,好孩子又如法炮制,精准展现技术研发实力,通过在德国科隆展上亮相的"响雷计划"拿下 Quinny 的 OPM 订单,并伺机而动,在 LOOLA 的中国 OEM 厂家不能及时交货时上位,又攻下一个品牌。2006 年,好孩子童车拿下欧洲销量冠军,从而成为全球最大的婴儿推车供应商，一个中国隐形冠军就此诞生。

美国的 CNN Money 网站在 2007 年评选了"10 家快速成长的全球巨擘"，并不在全球 100 强企业名单中的好孩子赫然在列，翻译后的注解是：好孩子是全球前三的婴儿推车、服饰和自行车生产商，由一位中国校长创办。他是一名富有创意的天才，他发明了畅销又新颖的推车设计。截至 2006 年，好孩子的全球销售额为 3.38 亿美元，其中 2/3 来自国际市场。

在自主品牌国际化的初衷一时举步维艰的现实面前，好孩子实事求是，将企业愿景和目标做了国内和国际的区分：在中国，好孩子希望"成为全国排名第一的儿童用品品牌商、零售商和综合服务提供商"；在国际成熟市场，好孩子希望"成为全面解决方案提供者"，其设计和制造通过客户与消费者发生联系，而不谋求直接与零售商合作。实践证明，自主研发并制造的 OPM 战略让好孩子在成熟市场畅通无阻，朋友遍地。

OPM 是好孩子国际化征途中被迫迈出的一步，2010 年在中国香港上市时，好孩子已经发展成为行业内最大的代工厂，代工的收入占公司总营收的近 70%，其中 90% 的代工收入来自欧美和日本。没有一个代工品牌愿意看到好孩子在国际市场上发展自有品牌，以好孩子的规模和能力，一旦自营品牌国际化，对于好孩子意味着不得不失去这些代工客户，而对于代工品牌而言，则不得不直面好孩子的竞争。

第一章　技术驱动的价值观

全球寻源

伴随20世纪90年代初开始实施的全球化发展战略，好孩子在昆山总部建立研发基地，先后在全球三大产品设计流派中心美国、欧洲和日本建立研发机构，形成以昆山为基地，美国波士顿、荷兰乌特勒支、日本东京三大研发中心为前沿的集消费者研究、市场调查、时尚创意和设计开发于一身的研发体系。

在为国际客户提供产品解决方案的过程中，好孩子坚持本土化设计。好孩子的全球研发团队已经达到450人，包括工业设计师、机械设计师、电子设计师、平面设计师等各种专业人才。他们分布在好孩子全球8个设计公司中，包括奥地利、德国、荷兰、美国、日本等国家和地区，可以根据不同市场客户的需要定制设计适合当地市场的产品，一年可推出产品新概念100多个，每年可成功开发新品20多个。截至2020年年底，好孩子国际（HK）在全球拥有专利数量超过一万件，是中国排名第二的专利拥有企业，是行业排名第一的专利拥有企业，拥有行业内超过50%的设计专利。

好孩子整合全球设计资源，直接收集全球市场信息，了解当地市场的动态、取向和流行，研究客户和消费者需求，从市场研究到产品规划，从科学研究成果的应用到产品造型、时尚设计，融合科技创新、艺术时尚，全方位地开展研究开发活动，成功实现研发活动从技术导向到客户导向，再到消费者导向的提升和转型。

好孩子的全球化过程不是通过简单地从全球市场寻找订单，为别人制造产品实现的，相反，好孩子每进入一个新的市场，都要做大量的调研工作，从专门设计适合新市场的产品开始，在本地市场寻找适宜的合作伙伴，通过双边共赢的方式，把产品销售给用户。在拓展国际市场的过程中，好孩子逐渐形成了"3+1"的全球研发体系。设立在海外的研发中心负责全球市场的趋势研究、新产品的规划和设计，建立在中国昆山的研发基地则负责设计的深化、工程化和商品化。这样一方面使好孩子的触角直接伸到国际市场的一线，能够敏锐地把握市场的风向和脉搏，并及时引导后方的制造基地采取相应的对策；另一方面使好孩子集团更加国际化，整个公司因此能够从市场调查、设计研发、国际运营及供应链管理等方面切入，向合作伙伴提供战略解决方案。

好孩子欧洲设计公司位于荷兰，荷兰堪称工业设计圣地，拥有丰富的设计人才资源。

Dick 是好孩子欧洲设计公司总经理，也是推车品牌 Quinny 的创始人。1984年，他与家族三兄弟共同创立儿童用品公司 Quint BV，推出以时尚和户外运动为主要风格的推车品牌 Quinny 并取得成功。2001 年，Dorel 集团并购 Quinny，整合到旗下欧洲知名品牌 Maxi-Cosi 中，Dick 因此加盟 Dorel，担纲领导推车设计团队，成立了一支由荷兰设计师、Dorel 架构师组成的项目小组，在此过程中与好孩子研发人员有了首次接触。

Dick 用四年时间将 Quinny 融入 Dorel 公司，帮助它们向更高层次发展，并成功研发了 Buzz、Zapp 等经典系列，之后离开 Dorel 公司成为独立顾问。但 Dick 却记挂着好孩子："好孩子就像我的一位老朋友，我们相互坦诚、相互理解、相互尊重，而且好孩子的员工让我觉得很亲近，很受鼓舞。"

第一章 技术驱动的价值观

婴童行业在国际上有两大展会，一是欧洲科隆展，二是美国拉斯维加斯国际儿童用品展。好孩子不止一次通过战略合作伙伴的身份参与过两大展会。好孩子的产品放在欧美合作方的展厅里，有的是联合品牌，有的根本看不到好孩子的痕迹。好孩子根据客户的策展方案提供样品，不曾有机会展示自己对市场的理解。

在 2010 年婴童用品香港展上，好孩子国际上市之后第一次独立参展，意义非凡。好孩子准备了两个展厅：一个是主展厅，用来展示好孩子的企业形象和品牌形象，向市场展示好孩子的实力及行业解决方案提供者的定位；另一个几百平方米大的展厅则和以往一样，展示外销代工产品，吸引合作客户。

为了展现实力，好孩子决定展出全球首发新品。为了防止竞争对手抄袭，他们将 100 平方米的主展厅做成了封闭式，参观者凭邀请函进入。好孩子第一次有组织地实施"1+3"（昆山研发中心＋美国、欧洲和日本三个设计公司）设计模式，集团副总裁贺新军负责整合研发体系的全部资源，海外研发公司要对自己展出的产品负责。10 月德国科隆展刚刚结束，"1+3"就紧锣密鼓地筹划起来。"拿到香港展的机会"成为好孩子每个设计师的心愿，最终他们在不到 100 天的时间里完成了 94 款达标的产品参展。"其实在我心里，有 50 个就够了，去年是 45 个。"贺新军也没有想到好孩子的全球研发体系有如此强大的团队作战能力。作品中简洁轻巧的苹果系列、绿色环保的藤编系列和木头车架系列，在香港展会上掀起注重材料、技术的热潮。

正是在全球技术专家的共同努力下，好孩子不断刷新儿童推车设计创新的边界。

2020 年受新冠肺炎疫情影响，世界经济陷入低迷。为了刺激消费，不少企业采取降价策略，好孩子另辟蹊径，趁机加快研发进度推出新品。"根据我们的经验，越是危机的时候，越要走创新路线。"宋郑还说，通过技术升级，好孩子打造了一款从 0 岁可以用到 12 岁的汽车安全座椅，延长了产品使用期，性能却不打折扣，实现了良好的销售业绩。

深耕产品线

在与 Cosco 最初五年的合作过程中，好孩子的研发设计能力随着美国市场的需求得以不断积累，在推车上越来越精进，并开始外延到其他婴童耐用品品类上，拿下有更高技术含量的汽车安全座生产订单是一个标杆性事件。

20 世纪 80 年代，欧美多个国家就立法规范儿童汽车安全座椅的使用，而中国那时候还没有国家层面的立法。但这并不妨碍宋郑还"敢想敢做自己眼前做不到的事"的一贯态度。1992 年考察阿普丽佳（Aprica）回来，宋郑还就把好孩子的企业使命改为"改善儿童生存环境，提高儿童生活品质"，远大的使命总是可以召唤企业家比普通人看得更远、走得更坚定。另外，虽然好孩子逐渐将主战场转移到了欧美，但宋郑还相信从长远来看，中国儿童用品市场将会变得越来越重要，"作为一家儿童用品公司，没有汽车安全座产品，根本不配做行业里的领导。"宋郑还是这么想的，也是这么做的，他抽调研发人员，仍旧用庖丁解牛的方式，攻克汽车安全座产品的技术难题。

如果说儿童推车的研发能力是靠好孩子的先天禀赋，那么儿童汽车座的研发能力则说明了好孩子的技术学习能力。

1999年,好孩子开始为其他品牌代加工汽车安全座。在OEM过程中,好孩子积累了汽车座的生产工艺与质量控制的能力。2003年,好孩子开始在欧洲客户Play的引导下自行设计汽车座。以汽车座闻名的Maxi-Cosi公司肯定了好孩子的设计和研发能力,将很多产品交由好孩子担纲。在此期间,好孩子的工程师开始接触欧洲的测试标准和产品法规,并了解汽车座产品的开发流程。之后,在美国客户的指导下,学习并掌握了美国的汽车安全座标准。这意味着好孩子拥有了为全世界的消费者提供安全座产品的生产制造能力。

好孩子的安全座生产经历了快速壮大的过程。起初,生产车间设在塑胶厂内,当资源和空间开始制约发展时,好孩子做出重大战略部署,把汽车座产业做大做强。2008年,安全座事业部搬迁至昆山花桥,从一个车间发展成一个工厂,并与公司其他业务划分开,开始垂直的资源整合。为配合汽车安全座的发展,其专门成立布套厂,随后又陆续成立金工车间、焊接车间、注塑车间等。2010年,好孩子建立了完整的汽车安全座产品线,并进入产品自主开发阶段。

通过学习汽车行业与电子行业的模块系统,好孩子在安全座的精益生产上摸索出独具特色的精益生产模式。安全座事业部坚持TS16949的管理模式,学习汽车行业的单件流、自动化、拉动式生产,同时采取电子企业的行业线体,规划中央集中供料系统,提高自动化、物流、人效及JIT(准时制生产方式)的管理水平。

2009年,好孩子拥有汽车安全座专利20余项,两年后,申请专利达到146项。2010年,好孩子汽车安全座的销售额达到1亿元。在2011年香港展上,好孩子展出可折叠式、电子智能化控制、气囊保护装置等一系列具有创新功能的产品,

| 自我颠覆：宋郑还管理思想探究

获得了客户赞誉。

儿童推车产品的技术壁垒并不高，宋郑还很早就意识到避免被模仿和赶超的路径只有一条，那就是"自己打倒自己"，不断创新产品，以此保持行业领先的地位。宋郑还希望好孩子的研发团队用"电子业的知识、汽车业的工艺和航天业的精神"保持研发动力，在深刻洞察用户需求的基础上，通过结构设计、新材料应用、外观功能等维度的不竭创新，不仅引领儿童推车的时尚潮流，更是在组织内部积累技术优势。

A2009 儿童推车是在宋郑还 1989 年设计的四功能车基础上多维度创新的成果。它利用底盘自重翻转使操作更加便捷，在结构上采纳西式坐兜、睡篮和汽车安全座三合一可嫁接的设计理念，又从婴幼儿人体工学和心理学维度，增加了三档可调的靠背设计及换向功能。这款车在 2012 年我国工业设计领域首个国家政府奖项——中国优秀工业设计奖的角逐过程中，从全国 1451 件参评作品中脱颖而出，摘得金奖。

材料应用是好孩子关注的另外一个创新角度。2014 年 4 月 18 日，好孩子第一亿辆婴儿车"蜂鸟"下线。这款车采用的是好孩子完全自主研发的新型超轻薄合金材料。"蜂鸟"整车仅重 3.5 千克，支撑杆壁厚仅 0.8 毫米，普通推车的壁厚为 1.4 毫米。

碳纤维作为新型复合型材料取代钢、铝或塑胶是未来的发展趋势，但碳纤维色系单一，这给整车的外观设计提出了很大的挑战。好孩子早在 2011 年就开始酝酿用碳纤维材料设计和制造推车，2013 年好孩子正在开发的 D4800 碳纤维推车在日本展会上获得市场高度好评，坚定了好孩子研发碳纤维推车的决心。在 2014

年年初的香港展上，好孩子碳纤维婴儿推车正式面世。碳纤维材料需要无尘的生产和储藏环境，好孩子塑胶事业部专门设置了碳纤维试制车间，整个生产流程都是纯手工操作，工艺复杂，要求严苛。比如管子成型之后，要经过手工打磨、喷光油工序，平均一根管子要重复操作五六次，直到管体表面无任何气孔，手感没有任何瑕疵。

好孩子还持有一项吉尼斯纪录，即折叠后最小婴儿车。根据消费者对笨重童车的吐槽，好孩子的设计师围绕适合旅行的童车展开想象，最终研发出了口袋车。宋郑还说口袋车的灵感来自昆山阳澄湖的大闸蟹，通过仿生学结构优化，口袋车折叠后的高、宽、厚尺寸分别只有35厘米、30厘米和18厘米。口袋车获得中国专利奖评审办公室颁发的中国外观设计金奖，以及国际工业设计界知名的iF奖金奖，前一年获此殊荣的是苹果的iWatch。

儿童安全座是被好孩子寄予厚望的明星产品。与推车相比，汽车安全座的研发需要更高的科技实力，这也是在品牌价值和市场渠道之外收购Evenflo和Cybex的重要考量。

好孩子专家团队在超过19万次实验室撞击测试的大数据基础上，成功解构航天器安全着陆技术，发明了汽车安全座缓冲吸能结构GBES。采用GBES宇航吸能技术的汽车安全座完全颠覆了国际通行标准，即在实验室测试条件下，汽车以时速50千米发生碰撞时，儿童胸部承受的最大冲击力不超过55个重力加速度、头部伤害指数HIC值不超过1000，将同样情况下儿童胸部承受的冲击力大幅降低至33.5个重力加速度、HIC值降低至456。为充分验证这款产品的可靠性，好孩子专门组织了时速达到94.7千米的实车真撞测试，结果表明，儿童胸部承受的最大冲击力仅为 29.5 个重力加速度。

好孩子很早就注意到每年都会有孩子被遗忘在汽车后座高温致死的事故发生，决心以技术手段提供解决方案。其全资并购的美国百年企业、汽车座领导者 Evenflo 历时四年开展研究，专家团队攻克多个技术难关，终于开发出"勿忘我"（SOS）。SOS 是一种通过车载诊断系统和汽车相连的安全座胸夹，它带有发射、接收装置，汽车发动机点火后，它会提醒驾车人给孩子扣好胸夹，当发动机熄火时，它会立即发出报警信号，提醒驾车人不要把孩子遗忘在车里。

好孩子的产品研发实践很好地呼应了科技创新的三条路径，即原始创新、集成创新和引进创新。好孩子的儿童推车产品是创业之基，坚持自主创新以保持先发优势属于原始创新。在与国际母婴品牌开展 OEM 和 ODM 合作过程中，好孩子需要与国际品牌并肩作战，满足并开拓新的市场需求。好孩子主动跨越技术领域，拓展儿童锂电池推车、电动玩具车等产品，是集汽车产业相关技术的创新成果，为此，好孩子吸引了多名汽车行业的技术人员和管理者。好孩子通过国际并购拥有了儿童汽车安全座的品牌、研发设计、生产制造和销售渠道，用并购策略实现了技术引进，并在整合过程中完成了技术的原始创新及产业间的集成创新。

从摇篮到摇篮

宋郑还不会忘记 1997 年好孩子八周岁庆典上的一幕。昆山总部童车厂门口彩旗飘飘，6000 名员工精神抖擞地组成方阵一列排开，1000 名员工代表身着工装站立在厂门口两侧,将客户代表围在中间,郑重宣誓:"好孩子要做第一!"2007年,宋郑还获得有商业奥斯卡美誉的年度"安永企业家奖",好孩子正昂首阔步行进在全球商业之巅,作为细分赛道中的行业第一,好孩子还需做什么?回顾好孩子每年参加科隆、东京儿童用品展会的情况,设计师们从专业的角度提出了"创新的烦恼"这个问题:如果只是从产品的创新,而没有从生活方式、消费行为和使用导向上建立一套能够延伸和支撑的体系,开发出符合未来生活概念的产品群,好孩子要想真正成为一家全球化的大企业,恐怕要走的道路不会平坦。

若想在技术创新上"再领风骚30年",一个先进的创新理念和一套科学的创新体系就显得适时而必要。2007年,好孩子提出了"C2C"技术进步理念,认同技术创新的方向是人类福祉和可持续发展。

德国化学家迈克尔·布朗加特(Michael Braungart)教授最早提出了C2C,即"从摇篮到摇篮"设计理念。他认为,所有的产品在设计之初都应该考虑到与环境的相容性及平级甚至升级的回收利用,即产品设计是循环的、生生不息的。这要比环境保护的"不作恶"更进一步:减轻地球母亲的负担。在C2C的绿色设计过程中,一个制造过程产生的废物将进入另一个循环过程,成为制造新产品的材料,或者它们可以随手扔到地上分解掉,成为植物和土壤的养分。

当全球有识之士开始关注经济发展与环境保护的关系的时候,好孩子也在思考如何为环保做一些事情。宋郑还提道:"在欧洲创立研发中心后,好孩子一方面思考如何运用荷兰国家的优势条件实现好孩子的全球化战略;另一方面,也在积极地寻找或者调整自己的发展理念和思路,以期在保护地球方面跟上欧洲的步伐和时代的潮流。过去,好孩子将自己的价值定位在源源不断的创新上面。当然,创新是我们永远都要秉承的发展方向，但这些元素不足以让好孩子在时尚之都的欧洲走到行业的前列。要想占领新的制高点，使好孩子真正成为全球消费者喜欢的品牌，就必须成为全人类的主旋律。"

2007年，好孩子荷兰分公司成立，团队成员不足10人。设计师Geeske在荷兰理工学院做毕业设计时就以C2C为主题展开相关研究，她极力建议好孩子率先在儿童用品行业引入这一模式。她的想法很快被集团采纳，并在内部得到推广。同年，好孩子提出在新品研发中应用"从摇篮到摇篮"的设计理念，成为这一领域的先行者。好孩子的实践与荷兰政府倡导的发展战略不谋而合，好孩子荷兰研发中心由此吸引了当地政府的目光，被列为政府扶持的创新型公司。

C2C设计遵循三个基本原则。

一是把生产过程中产生的废料用作下一个过程的养分，做好废物的收集、过滤和再利用。

二是多使用自然界的能源，如风能、水能和太阳能，尽量把工作放在白天完成，而不是挑灯夜战。

三是鼓励生态多样性，如城市森林体系、绿屋顶建筑等。

为什么环保概念可以成为经济发展的新动力？因为它会产生很多新种类的社会分工，会创造新的市场，但这是一个漫长、渐进的过程，也许需要5年、10年甚至20年，这段时间的投入可能"颗粒无收"。因此，提出环保概念的企业有很多，但落实到实际行动中的寥寥无几。

"中国有很多所谓的世界名牌，其实都缺少真正的价值支撑，拿到世界上比较就会发现我们的基础还很薄弱。中国也不乏一些大的公司，有些营收甚至过千亿元，但很少有中国企业敢在环保概念这个方面挑战世界、挑战全球。"宋郑还说，"企业总归是经济组织，不是慈善机构，最终要实现它的经济效益，要以经济效益支撑自己的经济活动，以获得持续的发展。如何兼顾企业利益和社会责任，这就需要看你是用什么方法去做。从我个人来讲，我总希望好孩子是一家负责任的公司，能承担起社会责任，受人尊敬。我也始终认为只有在这个基础上确立起来的品牌，才是有根基的品牌。'从摇篮到摇篮'是一个非常好的东西，符合当前社会发展的方向，好孩子如果能在这上面站立起来，将是一个非常了不起的壮举，也非常有发展的空间与前途。虽然在实现的过程中有很大的困难与风险，但是我们一定要坚持，因为好孩子要做成真正意义上的世界大品牌，这将是一个必须具备的新内涵。这需要我们去考虑10年后、20年后的事情，一定不要急功近利，不要将眼前的利益看得太重。我们好孩子有这个根基。"

"实际上我始终有一个观点，那就是真正的价值来源于创造。真正原发性地创造出产品、创造出价值才是好孩子要做的事，而不是拿中国便宜的资源去贱卖。贱卖我们的人力资源或者物质资源，这是对国家的犯罪。中国企业不能再这样做，单纯依靠这种方式获得经济利益的企业实际上没有价值。"宋郑还说，"一个品牌里面隐含很多概念，而环保的产品是对全人类的贡献。好孩子一直秉持承担社会责任的经营理念，在刚开始负债起家时就坚持走正路、走大路。今天，我们找到了'从摇篮到摇篮'这样一个点，也一样会去实践。这期间虽然会有很多痛苦，包括可能来自股东的压力，但是我们一定要走下去。通过20多年的积攒，好孩子在全中国已有35个分公司，零售网络遍布全国。人类几乎所有概念的实现都是通过企业的经济活动来完成的，所有的创新、研发，如果没有企业，将无法实施。"

在 2010 年上海世博会期间，好孩子向中外来宾演示、介绍了好孩子集团"从摇篮到摇篮"的经营理念及运作模式，好孩子推出的项目被荷兰馆"知识公司贵宾周"活动评为唯一的"最具革新的项目"。宋郑还在发表获奖感言的时候向公众宣告：好孩子两年前在荷兰分公司试行的"从摇篮到摇篮"运营模式正式在集团内全面启动，并将所获 7000 欧元奖金转赠荷兰快乐健康学校校长，请他设立基金会，鼓励青年创新，支持绿色设计。

2011 年，好孩子的 C2C 项目获美国"从摇篮到摇篮"银质奖。宋郑还视"从摇篮到摇篮"的技术创新为一个长远目标："20 年前，好孩子找到一条正确的路，那就是研发和创新，靠自主知识产权来发展自己，靠研发创新来创造价值，然后走全球化发展的道路。20 年后，好孩子又找到了一个新的创造价值的点，那就是环保。尽管做这个非常痛苦，但只要对消费者有利、对国家有好处、对人类有贡献，就值得我们去坚持。"

在经济活动日益全球化的进程中，每个国家都在寻找自己在全球新经济中的定位，争取自己的地位。中国一直被冠以"世界工厂"之名，在便宜的劳动力支撑下，中国制造的产品遍及全球。现如今，中国制造业转向内涵式高质量发展，好孩子 C2C 的实践不仅是中国头部企业负责任的表率，坚持这一理念，需要好孩子带领产业链上下游共同践行，逐渐滋养出一个新的产业生态。

第一章 技术驱动的价值观

"红色引擎"

好孩子陆续获得中国政府的"质量标杆""国家级工业设计中心"等荣誉，又在2013年获得第三个国家级奖项。国家发展和改革委员会公布2013年度国家认定企业技术中心评价结果，好孩子以优异成绩通过评定，成为2013年江苏省昆山市唯一一家被认定为"国家级企业技术中心"的企业，标志着企业研发创新平台获得最高认可。

国家级企业技术中心认定工作的目的是推进企业技术中心建设，确立企业技术创新和科技投入的主体地位，只有那些在国民经济主要产业中技术创新能力较强、创新业绩显著、具有重要示范作用的企业技术中心方有资格参加评选。好孩子获此殊荣，是其多年来在技术创新上不断提升的结果。

好孩子在产品研发上坚持以自主创新为主的发展模式，秉持技术驱动的价值观，从一个失败的微波炉配件加工厂稳步成长为全球婴童耐用品行业冠军，它如何构建"人无我有、人有我新"的技术创新能力？

·"交钥匙"工程

好孩子设计，欧美客户选择并提出意见，把产品变成商品，这是ODM的生产模式。这一模式需要客户投入产品开模的费用，对产品没有把握的客户就会非常谨慎，甚至不愿意投入。在合作过程中，实际上好孩子不仅提供了设计，包括创意、原理等部分也无形中让客户分享了利益。好孩子建立国际研发中心网络，其目的就是要建立包含概念创意、结构设计、造型设计、工程设计和外观时尚设计在内的"交钥匙"工程，拿回研究市场、研究消费者的主动权。

依托内销市场开模，兼顾外销要求，产品商品化之后再服务外销市场，成为好孩子的研发策略。这一方面会把国内市场的产品水准拉高，巩固市场地位；另一方面可以解决外销开模的瓶颈问题，不至于因为没有客户投入而让好的产品设计中途夭折。宋郑还认为，客户说行，我们认为就行了，这很危险。

· 消费者体验

"我们要做好的产品，这不是自己说了算，要做好品质也不仅仅是符合国家标准或某个客户自己提出的要求，而是要让消费者使用之后有好的体验。"宋郑还在2011年的好孩子全球研发中心峰会上就提出，"从现代营销的理念来讲，我们为消费者提供的不再仅仅是产品，产品只是载体。当然，要想提供好的消费者体验，载体首先要好，但消费体验不仅仅关系到产品的好坏，还要有服务，以及跟消费者接触的界面，甚至包括口碑。对于产品开发来讲，不同的消费者对产品会有不同的要求，如轻重、外观、质量、价格，这些与消费者体验都有相关性。一般来说，产品的附加值是在边缘的地方产生的，研发产品一定要从消费者的使用感受出发，满足人体工学、材料、工艺、科技、市场潮流，以及客户的需求，这包括零售商、合作伙伴。"宋郑还早在10年前就断言"消费体验是下一个战场"。

实施OPM战略需要好孩子的研发团队做全方位的研究，包括消费者体验研究。设计开发强调消费者体验，就是设计不再单纯是一个车架的开发，而是要做全方位的研究。除车架之外，还要操作简单、折叠轻巧、使用方便，但同样重要的，甚至更重要的一点是外观时尚，这不单是配色的问题，还包括如何把布料穿到撞车、游戏座、安全座上去。

在美国攻克中高端市场渠道时,好孩子提出在研发产品时要有"4F"概念,即功能(Function)、特色配置(Feature)、工程匹配(Fit)和时尚(Fashion)。负责欧美市场开拓的曲南说:"只有这些都做好了,产品才能够有机会打得准,才能打进高端连锁店。我们真正要想在推车方面成为美国业界的领导者,就必须占领玩具反斗城。"

· **精益管理与组织创新**

技术能力的提升来自与合作方和消费者的交互,技术能力的提升还会深刻改变员工的价值观和行为规范。来自客户和市场的压力倒逼好孩子前进:第一次是好孩子作为Dorel伞把车的供方,为把价格降下来进行流水线的改造,生产管理得以进步;第二次是欧洲客户帮助好孩子提升工艺水平和产品品质,将其推到行业领导者的地位;第三次是连续的内生性推动,在研发和生产环节学习日本的精益管理思想,推出"和风计划"和"快速配齐"管理变革,打造卓越的供应链能力。

在美国成立研发中心之后,好孩子希望面向美国市场自主设计一款经典产品,重新认识ODM时期的设计流程。过去,好孩子的设计程序是立项很快,把问题留在工程样品甚至生产样品上解决,从立项到EP(工程设计阶段样板生产)时间很短,但是从EP到PP(小批量生产的制造工艺、生产制造过程)到大货生产却很慢,总体时间并不快。好孩子改进流程,给第一阶段更多的时间,把之前依赖客户的QE(品质工程)阶段加进来。

在汽车安全座的研发过程中,好孩子将前期工程和后期工程实施并行。前期按照TS16949的要求做EPQP(先期产品工程师将客户的要求转化为对产品设计的要求，并纳入产品设计工程师的失效模式分析DFEMA中去）。在这个过程中，一方面要将历史经验融入新产品的设计中去，另一方面要考虑现有的生产工艺和流程，把原有的经验如质量投诉、客户抱怨等落实到失效模式分析中，进行更新，提出防范措施。通过这两个设计过程，好孩子的研发部门最终形成质量部的重要文件管制计划（Control Plan），在量产过程中，对所有的质量控制点进行监控指导。

产品开发完成后的PP（小批量生产）阶段，质量部会对产品的关键性特性、限制性特性进行系统的指导。好孩子要求这些特性在设计的失效模式分析里要有体现，在重要文件管制计划里面更要有具体的说明。利用SPC（统计过程控制）及SPC的7个工具，从另外一个角度提高产品生产过程中的可靠性。在试产之后的批量生产中，质检部门依管制计划对生产过程中的每一个环节进行控制。

技术能力的生成和发展是企业在相当长时期里遵循一组连贯政策的累积性结果[1]。以解决问题为导向（消费者体验），好孩子选择并坚持了自主创新的模式，而非技术依赖模式，通过商业实践（"交钥匙"工程）和有效的技术学习，获得技术能力的吸收和累积，并通过搭建全球创新体系将外部知识信息内化为组织能力，扭转了原本因品牌弱势而失利的国际化战略的实施，创造了一条自主创新的技术增长路线，打开了别具一格的传统制造业国际化竞争局面。

随着数字化和智能化时代的到来，面对国内外新消费引导的市场竞争，好孩子需要深度组织变革才有可能迎接市值、品牌和产品的突破。

首席竞争官夏欣跃先生在其负责的好孩子大供应链事业部发起一项活动：宋总午餐会。自2017年年底以来，每周二下午，宋郑还花四个小时与大供应链管

---

[1] 路风.走向自主创新：寻求中国力量的源泉[M].北京：中国人民大学出版社，2019.

理团队在一起，专注差距和问题点，就产品体验、质量管理、竞争力建设等议题自我加压、自我对标、自我驱动，最终目的是夯实好孩子供应链管理的"三大法宝"："品、销、研、产、供、服"一条龙协同的组织文化、卓越绩效管理模式 COSOPEKI（快速配齐）体系能力，以及学习型、技能型、创新型的"好孩子铁军"建设。

好孩子大供应链卓越绩效管理模式 COSOPEKI 追求绝对安全和极致体验，由 8 个子系统、28 个模块和 120 个管理要素构成。这 8 个子系统为：关注用户体验的标准和检测（Consumer Centric）, 关注成本和管治的目标管理（Objective Development）, 以及供应链伙伴关系（Supplier Partnership）、稳健制造（Operational Excellence）、产品研发（Product Development）、员工赋能（Employee Empowerment）、持续改进（Kaizen）和变革创新（Innovation）。COSOPEKI 旨在提升好孩子供应链平台的敏捷性，完成数字化转型升级。

作为蓝筹业务和自有品牌业务的后盾，好孩子的供应链服务端积累了多维系统的能力。这些能力如何更加高效、精准地转化为好孩子在国际和国内两个市场上的竞争优势，特别是在面对互联网爆品品牌的冲击之时，在面对市场对母婴产品智能化的需求之时，在面对蓝筹客户的竞合冲突之时？好孩子在最近几年一直在寻找第二增长曲线，关键在于激活组织。以大供应链的人力资源管理为例，好孩子聚焦组织敏捷、员工赋能和数智化保障机制。

2021 年年底，好孩子大供应链提出七个战略行动。

一是爆款主义：以精准市场和消费体验为导向，驱动全球供应链整体运作，打造可复制的爆款产品。

二是市场运作：以投资参股等方式构建利益激励共同体，培养优质项目独立上市，实现集团资本增值。

三是敏捷转型：组织进一步扁平化，在数字化和智能化改造过程中通过授权赋能提升组织绩效。

四是成本优势：评估蓝筹和自主品牌的制造成本，通过工艺引领、委托生产等方式强化供应链成本优势。

五是科创引领：培育相对宽松的技术研发环境，完善市场调研、开放式创新和产品全生命周期反馈等研发能力，搭建以时尚、智能化为导向的研发平台和知识产权体系，增加智能化产品投产比例。

六是质量"护城河"：完善质量信息的数据化、平台化分析利用，形成闭环。

七是可持续发展：ESG（环境、社会和公司治理）和可持续发展理念贯穿产品生产和销售等的各个环节，进入日常业务工作，成为"从摇篮到摇篮"的典范。

宋郑还认为，运营管理和供应链平台是好孩子提升管理的"红色引擎"和稳定大局的"压舱石"。他提出好孩子的竞争力来自打造"水样"共生组织，遇山环水、遇水相融，能够拥抱变化、开放边界、融合资源、共创价值。以汽车等先进智造业为标杆，将好孩子的供应链平台 PaaS 化，需凿井万韧之功。

宋郑还将下一个创业梦想确定为建造全球育儿生态圈。在庆祝好孩子第一亿辆婴儿车下线的活动上，宋郑还激情澎湃地发表了即兴演说："好孩子梦不仅是一个中国梦，它是全人类的梦。我们追求光明、理想和幸福，我们在这条道路上越走越宽广，因为我们心中的热火胜过万丈光芒，我们的力量足以排山倒海，任何坎坷都无法阻挡我们追逐梦想的脚步。"

第二章
视质量为人格的生产观

第二章 视质量为人格的生产观

质量管理大师朱兰博士1994年在美国质量管理学年会上曾预言：20世纪以"生产率的世纪"被载入史册，而21世纪则将是"质量的世纪"，质量成为21世纪各行各业的主题。现代企业越来越重视质量，随着技术带来的商业模式发展，质量的内涵也在愈发丰富而深刻。

相较于现代西方管理思想萌芽于工业革命前，质量管理思想则显得年轻而蓬勃。第二次世界大战后，日本在国际贸易中是劣质产品的代名词，刺激日本举国上下在20世纪50年代掀起质量革命，形成以丰田公司为代表的精益管理实践和思想，并最终一跃而起，令美国的世界经济霸主地位岌岌可危。80年代，西方世界痛定思痛，众多企业开展全面质量管理（Total Quality Management，简称TQM）活动，不少公司从中获益匪浅，崛起为跨国名企。

中国对质量管理的重视起步并不晚。1978年，中国政府举行了第一个全国质量月活动，率中国经济代表团访问日本，参加日本的质量月活动。1980年，中国质量管理协会成立。1982年，朱兰博士来华，在首钢礼堂讲课。他提出，质量的好坏要由市场用户说了算。这对当时只用标准来衡量质量的中国企业是一声春雷。朱兰博士提出了三个观点，给那个年代创业的中国企业播下了质量的种子：第一，在各种竞争性的产品和服务之间，实际上都存在着某种质量差异；第二，质量差异的实质是技术差异；第三，质量差异常常能够转化为货币语言或用户能够理解的其他形式。

宋郑还并没有参加中国经济代表团。1992年，他自费辗转从中国香港到日本，考察了当时已经是儿童用品行业翘楚的阿普丽佳和康恩贝。他在寻找一个答案：如何将一家中国企业做大做强？他找到的方法是"奉质量为天"：在好孩子，质量的事没有大小之分，所有质量的事都是大事；质量的事没有急慢之分，所有的质量的事都是急事。

在创业早期，每一个加入好孩子的新员工听到的第一个故事就关乎质量：一次，宋郑还得知缝纫车间生产了一批质量不合格的推车布套，为了向大家表示工厂必须生产高品质产品的决心，当着生产员工和管理层的面，将这批不合格的布套全部烧毁。就像海尔张瑞敏那著名的"砸冰箱"事件一样，宋郑还这一烧，烧出了员工心灵的震撼，烧出了管理层对质量追求的决心，好孩子追求卓越的意识自此深入人心。

2007年，美国消费品安全委员会（CPSC）主席到北京开会，带着专家偷偷来好孩子参观。当时，好孩子的产品在美国市场的占有率为55%。这是他第一次来中国工厂，之前对中国制造的认识就是劣质、有毒、有害。看完后他很吃惊，对宋郑还说好孩子改变了他对中国制造的认知，并说出来访目的：好孩子的产品从1999年起在美国就是第一名，近10年来一直占据半壁江山，他想看看好孩子这家中国企业到底是怎么做的。这次行程变成了CPSC的惯例，新上任的主席都会来中国参观好孩子工厂。

第二章　视质量为人格的生产观

"一把手"工程

"对于任何一个企业来说，质量是'1'，其他的都是'0'。如果质量不过关，那么其他的一切都是无本之木、无源之水。"宋郑还视质量为好孩子的人格，因此将质量问题三十年如一日作为"一把手"工程来抓。

2012年1月，全球质量专家、亚太质量组织名誉主席、国际质量科学院院士哈林顿博士在美国《质量文摘》上发表文章《好孩子国际：世界级质量的榜样》。宋郑还邀请哈林顿博士来中国昆山，带他参观好孩子总部的推车事业部总装三厂和中心实验室。哈林顿在文中细致描述了访问好孩子的全程，对好孩子做了极为全面的介绍，包括企业使命、核心价值观、卓越绩效管理、流水线、实验设备等，甚至包括工厂的看板信息，他将好孩子誉为全球质量管理的榜样和标杆。

当天，宋郑还召集了好孩子各事业部和工厂的质量管理负责人，请哈林顿博士给大家上了一堂课，名为《全面改进质量管理》。

全面改进质量管理，是指企业全员全过程坚持不懈地提高质量，提升生产力和创造力，按时向当前和潜在的顾客提供代表整体价值最高的产品和服务。哈林顿博士把全面改进质量理论比喻为全面改进管理金字塔，并对构成金字塔的层级、管理要素进行论述，进而阐释团体如何为组织的相关利益方创造价值。

哈林顿博士指出伟大的组织有六条真正的秘诀：第一，高标准；第二，以顾客为中心；第三，尊重个人；第四，欢迎建设性的不满；第五，认为质量优于成本与速度；第六，追求更好的投资回报率。他还提出了质量管理的五大准则：准则一，应最优先考虑的五个要素是顾客、顾客、顾客、顾客与顾客；准则二，盈利的五大关键因素是质量、质量、质量、质量与质量；准则三，取得竞争力的步骤有两个，一是为客户提供超出他们期望值的产品和服务，二是返回第一步，但要做到更好；准则四，领导者致力于全过程，员工专注于各环节的工作；准则五，今天比昨天做得好，明天比今天做得更好。

一名好孩子的质量管理者做了课堂笔记——全面改进管理金字塔的关键要素如下。

一是战略方向。强调高层管理者支持和推动管理改进的关键作用。研究表明，在管理改进的过程中，高层管理者的作用占50%，中层管理者的作用占26%，基层管理者的作用占19%。

二是基本概念。中层管理者参与，培养和完善个人与团体以激发员工的内在潜能，与此同时，联手合作供应商打造产品百分之百的合格率。

三是交付过程。强调过程突破、产品生产过程和服务过程，即全过程改进管理，特别是过程的再设计、流程的再改造，业务过程改进水平对比突出体现持续改进的与时俱进理念。哈林顿博士的研究表明，一个过程的再设计成效显著：成本和周期可减少20%～60%，质量改进可提升40%～100%的效益。

四是组织影响。不提倡垂直型、官僚型、分权型组织结构，应提供矩阵型和网络型管理模式，主张案例管理和水平化管理，让基层员工承担起相应的岗位职责。

五是奖励。奖励方式提倡多元化，如薪酬包括分红、奖金、工资，现金奖励被划分为小组／团队奖、公开对个人的表彰、顾客奖励、组织奖励等，同时更重视企业对团队和个人的认可度。

在宋郑还的影响下,品质成为好孩子品牌及好孩子OPM模式的强大竞争力。2007年,好孩子集团获得中国国家质检总局颁发的"产品质量免检证书";2009年,被中国质量协会评为"全国推行全面质量管理30周年优秀企业";2013年,获国家工业和信息化部颁发的全国"质量标杆"称号;2016年,获第二届中国质量奖提名奖;2020年,获国家工业大奖。好孩子的A型婴儿车是单型号全球销量第一的产品,至2013年已经累计在全球销售了2000多万辆,无一例返修,堪称行业奇迹。

2013年,宋郑还被Walter L. Hurd基金会及亚太质量组织（APQO）联合评定并颁发"2013 Walter L. Hurd执行官奖章"。该奖章每年评定一次,颁发给在品质运动提升中做出重大贡献的世界知名企业的总裁、首席执行官、首席运营官、主要政府机构领导或董事长。此前全球共有12名企业领袖获奖,包括丰田、柯尼卡、丽兹·卡尔顿等企业的"一把手"。自亚太质量组织成立以来的20年里,这是该奖项第一次颁发给中国本土企业家。

亚太质量组织是太平洋周边地区包括印度、中国、美国、墨西哥、菲律宾、新西兰、韩国、澳大利亚、马来西亚等国家的专业质量机构组成的联合组织,被业内公认为具有崇高威望的"Walter L. Hurd执行官奖章",其甄选标准为:一是被提名者对所在组织品质提升运动的参与及领导程度;二是被提名者所在组织的品质声誉;三是被提名者的个人价值;四是被提名者对品质运动做出瞩目贡献的时长;五是被提名者对所在组织以外的品质运动所做的贡献;六是候选人对泛太平洋地区品质运动所做的贡献;七是候选人所在组织的规模。

| 自我颠覆：宋郑还管理思想探究

评定委员会认为宋郑还在好孩子集团的领导力及其个人对中国质量组织的贡献力和影响力远超此奖章的资格要求。

2015年，有媒体在六一儿童节来临之前采访宋郑还，请他解读儿童安全出行话题。好孩子的儿童安全座椅Cybex囊括德国ADAC①10个品类的测评冠军，历年共获得250个ADAC测评冠军。中国汽车研究中心公布的当年第一批20个儿童汽车安全座产品评价结果令人担忧，一方面产品质量不能得到有效保证，另一方面汽车越来越多，而安全座椅的保有量却没有升高，每年有上万名儿童丧生。报道称，每年我国有超过3.5万名14岁以下的儿童在道路交通事故中伤亡，其中超过1.85万名儿童在交通事故中死亡，死亡率是欧洲的2.5倍，儿童安全座椅在中国的使用率不足0.1%。宋郑还对此痛心疾首："好孩子每年外销儿童安全座椅300万台，中国是世界上最重要的儿童安全座椅生产基地之一，但我国的儿童安全座椅消费市场却几乎没有形成！我们源源不断地将优质的安全座椅销往国外，使外国的孩子得到了最有效的保护。我对自己的儿童安全座椅不能让更多中国孩子享受到有效的保护而感到羞愧，就算企业做得再大，再多几个世界第一，我们的企业还是不完整的。"

推进中国儿童乘车安全立法成了宋郑还重要的一部分工作。在儿童耐用品行业，好孩子参与和主导了行业80%以上的标准制定工作。在汽车座椅安全标准的制定上，好孩子也是主导者之一。好孩子的企业标准成为世界范围内的行业标准。早在2011年，好孩子就受邀成为ASTM和CEN的会员，参与所在国家和地区的

---

① 德文名Allgemeiner Deutscher Automobil-Club，以向会员提供传统、可靠、熟练的专业化服务为宗旨，主要从事汽车租赁、保险、碰撞测试等业务，是欧洲第一、世界第二的汽车协会。

儿童耐用品的标准制定与修订，并获日本 CPSA 邀请参加日本国家标准的修订工作，拥有投票权。截至 2014 年年底，好孩子累计参与了 114 项美国、日本等国家标准的修订，主导和参与了 65 项国家标准的制定与修订。2021 年，好孩子集团主导制定的全球第一个婴儿车国际标准 ISO3110 颁布，填补了部分国家和地区婴儿车标准的空白；同年，好孩子起草完成中国第一部航空用儿童安全座椅标准。截至 2021 年年底，好孩子累计参与全球标准制定 222 项。

好孩子的质量标准从何而来？宋郑还用一串数字和名字来回答这个问题：

"好孩子在全球有八大研发中心，是 62 个国际品牌的合作商，我们拥有著名的行业专家，如美国的菲利普博士、日本的福田亚弘博士、欧洲的 Franz Peleska 先生……他们都是实实在在的好孩子员工。好孩子投资 4600 余万元建立了儿童用品行业规模宏大、设施齐全、管理先进的国家认可的实验室，可以在测试、安全检验、评估分析、风险管理和安全保障等方面提供专业的解决方案。

"此外，我们建立了一套完整的过程控制体系，从而使我们生产的每一台安全座椅都符合高标准的要求。到目前为止，我们制造和销售了 2000 多万台安全座椅，无一发生质量事故。"

宋郑还在集团设立了 CEO 质量奖，在每一次好孩子年会上，宋郑还都会亲自给该奖项获得者颁奖。

三步品控

好孩子具有行业内最大的产能，在全球拥有14家工厂，在中国拥有三个产业基地。好孩子根据当地特点进行产业基地战略布局。昆山因其地理位置优越，离上海近，是公司的心脏，主要负责公司新产品及高品位、高价值产品的生产制造。宁波因塑胶产业发达、配套齐全，特别是玩具业制造和配套能力强，为公司的儿童用品生产基地。河北地区因为土地和劳动力成本优势，逐步发展成为公司 OPP/MPP（一种塑料管材）推车和合装车的主要基地。好孩子具备年生产推车1000万辆、汽车座250万个、童床100万张等的生产能力。值得一提的是，好孩子在儿童汽车安全座上进行了富有前瞻性的产能布局，将伴随中国儿童安全座的立法和需求增长而发挥潜力。

好孩子的质量管理体系伴随其产能的发展战略而不断进化，经历了三个阶段：第一阶段，依靠经验的质量检验；第二阶段，依靠企业标准体系；第三阶段，依靠科学的质量管理系统。

从1989年创业到1992年成为国内行业第一，直至1994年走出国门，好孩子的质量管理方法"靠人"，由质量检验人员在成品中挑出废品，以保证出厂产品质量。虽然质量管理方法比较落后，但产品的实物质量水平在当时并不落后。

1994年6月，好孩子品保部成立，标志着质量管理进入第二阶段。好孩子开始按照ISO 9001的要求建立公司及各工厂的质量体系，建立各工厂的品质检验系统。2000年,为适应公司新的发展战略,好孩子增设了产品标准研究室,配备专人进行产品标准的研究工作,包括内控产品标准、零件标准、国际标准的翻译等,形成了基础标准、产品标准、采购标准、工艺标准等企业标准体系。其中,好孩子的主流产品标准、工艺标准等企业标准体系,还成为制定新的国家标准的主要依据。

2006年,好孩子从国内外引进职业化、专业化的质量管理人才,标志着品质管理进入第三阶段。原品保部开始强化支持和服务职能,淡化集中控制和管理职能,品质管理由公司内部控制开始向供应商和客户两端延伸,为强化质量管理职能,公司设立质量副总裁岗。同时,增加了供应商管理部门、质量工程部门、外销市场客户服务部门及中国市场品质管理部门。这些职能的增加有效地将外部客户和供应商的声音及时传递到组织内部,从而提前了解供应商的困难和客户需求。

2008年,为适应国外市场的再次拓展及金融风暴下越来越严苛的国际标准和安全法规的需要,好孩子按照ISO 17025认可的实验室要求建立了中心实验室,经过一年多时间的运作,建成了代表业内最高水准的综合性实验室,并且通过了国家认可实验室的认证。至此,好孩子拥有了业界顶级的品质控制手段和品质管理系统。

通过OPM模式,好孩子的产品销往100多个国家,这也就意味着公司质量部门必须掌握全球各类相关产品的标准,而这恰恰成为好孩子在质量领先上重要的软实力。好孩子成为中国、美国、欧盟质量协会成员,参与中国、美国、日本多国质量标准的讨论和制定共近190项,并建立了高于行业标准的内部标准300多项。2019年,好孩子获得中国标准创新贡献奖。

好孩子不惜斥巨资建设产品实验测试基地，迄今建成 9 个测试室。集团中央实验室为 CNAS[①] 验证实验室，与全球知名实验室（法国 SGS、英国 ITS）为合作实验室。中央实验室拥有设备 2000 多台，投入超过 1 亿元。该实验室孵化出专业的第三方检测公司亿科（eqo），专业从事检测、认证、技术咨询、培训等服务，是目前行业内最大、最先进的检测实验室。

碰撞试验是汽车安全座测试中不可缺少的环节，为适应将好孩子 gb 品牌安全座发展为世界第一的战略规划，投资 1300 多万元人民币，在品管中心建立了汽车安全座碰撞实验室，可以满足国家标准、欧洲标准和美国标准的测试要求，是世界上最大、最先进的实验室之一，于 2010 年 11 月投入使用，这对缩减安全座的研发周期和提高品质，提供了技术支撑。

好孩子的安全座碰撞实验室由碰撞试验机、摄像系统、数据采集系统、试验假人、数据分析系统构成。碰撞试验机由美国 GTES（Global Testing and Engineering Service）公司提供，该碰撞试验机在美国、法国等国家广泛应用。摄像系统使用日本耐可（NAC）的高速摄像机，可清晰捕捉儿童汽车座在碰撞的瞬间产生的变化。数据采集系统则由行业内最有影响力的德国 KT 公司生产。试验假人由美国唯一权威假人制造商第一技术（First Technology）生产。好孩子采购了欧洲 P 系列的全套假人和美国三个年龄段的假人，除新生儿外，每个假人的胸部和头部都安装了高灵敏度的加速度传感器。数据分析系统可以对假人在碰撞过程中的位移和受力进行分析，图像分析软件 Falcon 可以精确计算试验假人头部、

---

① CNAS 是"中国合格评定国家认可委员会"的英文缩写，是根据《中华人民共和国认证认可条例》的规定，由国家认证认可监督管理委员会（CNCA）批准设立并授权的国家认可机构，统一负责对认证机构、实验室和检验机构等相关机构的认可工作。

膝盖的最大位移及安全座椅的角位移。数据分析软件Diadem可以得到试验假人胸、头部在某个时刻的最大加速度及头部伤害值（HIC）等。

在好孩子引进撞击设备之前，中国没有相应的测试室，只能选择外发到美国、欧洲去做。但测试需要沟通、安排，产品需要邮寄，还需排队等待。汽车安全座每一款产品有很多不同的配置组合，每个产品都要经过多次碰撞试验才能不断改进、调整，送外国测试给产品成本、研发同期、经验积累都带来了障碍。

设备引进后，好孩子的设计师、工程师可以在碰撞实验室观看整个撞击过程，对安全性、舒适性和使用安装难易程度等进行综合测试和评价。

在整个碰撞试验中，任何一项没有达到标准，则整个产品都会被判定为不合格。而不同规格的安全座因其所适应的儿童年龄段不同，需要经过很多次碰撞试验，有的多达几十项测试。

经过多年的积累，好孩子的品质管理最终完成了由点到线至面并最终形成网状的建设过程。如今，好孩子具备系统的质控能力，具备对各国标准的理解能力；具有符合国际标准的实验室；好孩子建立了质量控制的全面框架，以及质量管控的全面流程，从集团面和生产工厂面两层进行管控，集团负责供应商确认、产品验证、产品证书、流程验证等全套的验证体系，工厂负责从原料采购到成品出库的全套控制流程。

文化溯源

长期负责好孩子产品质量的竺云龙这样介绍好孩子提升产品质量标准的理念和经验:"标准是一把尺,婴童行业标准就是关乎所有儿童健康与安全的尺。好孩子建立远高于国家标准的企业内部检测标准,以确保投入市场的每一款产品都是安全的、健康的。"中国的"奶瓶跌落试验标准""漏水试验标准""奶瓶容器的容量刻度和偏差的标准"等均参照了好孩子的企业内部标准。

"质量第一,零缺陷,零容忍"是好孩子的质量文化。好孩子提出极致质量保障模式,该模式对研发设计、生产制造、试验检测和营销服务四个阶段完成质量管理闭环,如图2-1所示。以 GB/T 19580《卓越绩效评价准则》为依据,好

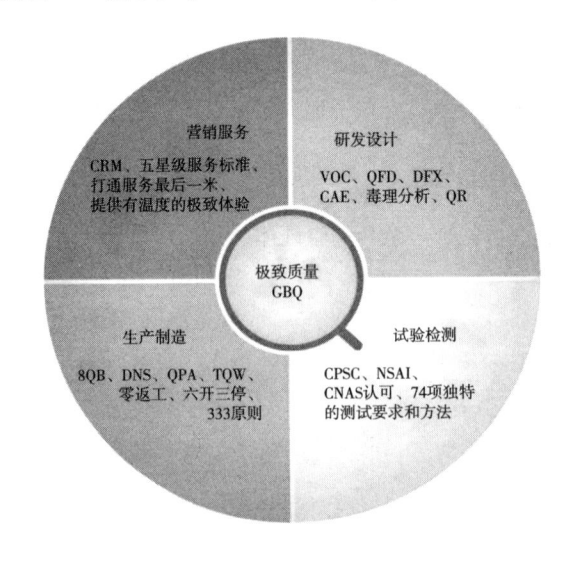

图 2-1 极致质量

孩子的极致质量保障模式覆盖了质量和安全管理，融入了汽车行业和食品行业的要求，是以预防为主的全面质量管理体系。好孩子的极致质量保障模式已经内化为企业文化的重要组成部分。

好孩子的极致质量文化源自坚持高于国际行业水平的标准。譬如儿童安全座椅上市前必须通过碰撞实验检测，好孩子使用全球先进的职能传感、高速成像、有限元分析撞击试验系统。在测试中，国际和国内标准的模拟速度都是（49±1）km/h，但在日常生活中，车速超过49km/h的情况太普遍了。"你达到48km/h，只能说在碰到问题的时候有标准来帮你免责，如果按照48km/h去做，你是达标的产品，但不是达标的企业。"宋郑还要求好孩子的标准要更高，按照80km/h达标的要求去测试出厂产品。在49km/h的撞击速度下，儿童乘员胸部综合加速度国标GB 27887要求"＜55g"，中国星级评定标准（C-NCAP）"优"级是"＜41g"，而好孩子的要求是"＜33g"。无疑，孩子的胸部受到冲击的力量越小越好。49km/h与80km/h的检测区别对产品质量的要求是什么概念？好孩子曾经举过一个例子，如果把时速49千米喻为从3层楼自由落体而不受伤，那么80千米就要求从8层楼自由落体而不受伤。

好孩子的极致质量文化源自不惜成本的质量检测投入。好孩子有4条汽车模拟碰撞线，一条造价2000多万元，实验中模拟真人的"小黄人"，从头到脚都有传感器，16万美元一个，好孩子进口了十几个。为了得到更为精准的对撞数据，好孩子不惜用真车对撞，一个测试就要花100万元。

好孩子的极致质量文化源自科学的质量风险控制流程。以新产品开发为例，在概念设计、工程试制、试生产和批量生产四个环节进行安全控制，在批量生产之前，产品安全评审小组在每一个环节都要进行评审，如图2-2所示。在好孩子中国工厂，一线员工30%～40%的绩效与质量直接挂钩。

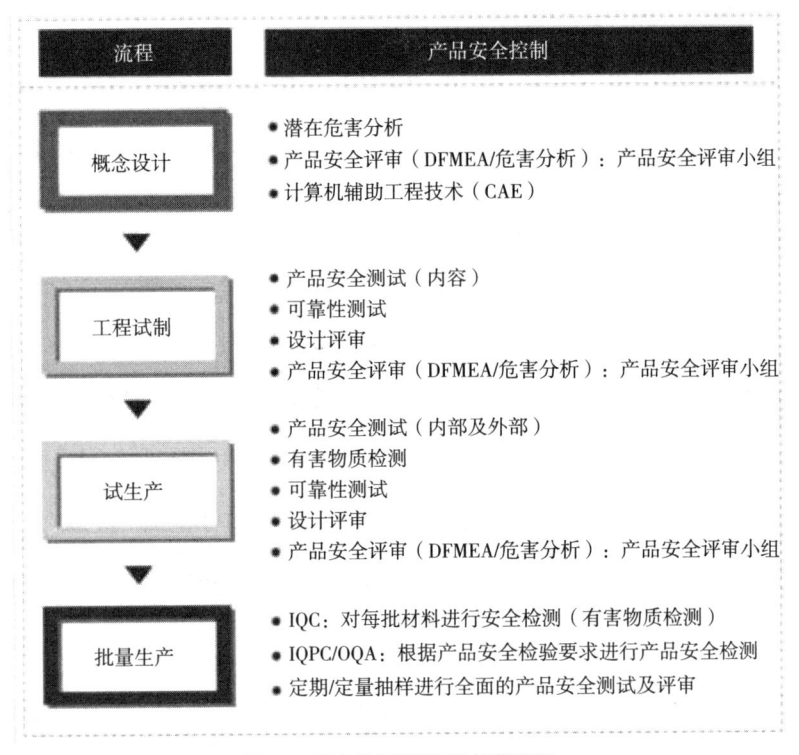

流程	产品安全控制
概念设计	• 潜在危害分析 • 产品安全评审（DFMEA/危害分析）：产品安全评审小组 • 计算机辅助工程技术（CAE）
工程试制	• 产品安全测试（内容） • 可靠性测试 • 设计评审 • 产品安全评审（DFMEA/危害分析）：产品安全评审小组
试生产	• 产品安全测试（内部及外部） • 有害物质检测 • 可靠性测试 • 设计评审 • 产品安全评审（DFMEA/危害分析）：产品安全评审小组
批量生产	• IQC：对每批材料进行安全检测（有害物质检测） • IQPC/OQA：根据产品安全检验要求进行产品安全检测 • 定期/定量抽样进行全面的产品安全测试及评审

图2-2　新产品的质量风险控制流程

好孩子的极致质量文化源自质量责任管理制度。2012年，好孩子国际试行新的质量责任管理制度，改变以往质量管理制度只将责任追踪到部门的做法，采用积分制的方式将各工厂/事业部所有经理级及以上人员的岗位工作成绩与质量结果衔接（经理级以下人员的质量责任制度由各职能部门、工厂/事业部自行规定）。制度按照"一单一处理（即客诉及质量问题发生或改善后立即处理）、每月一小结、年终大总结"的原则进行，个人质量得分最终直接与薪资、职务变动及年终奖金挂钩。

好孩子的极致质量文化源自快速反应和持续改进的现场管理。好孩子工厂的厂长，早上不允许在办公室开会，必须去现场，和质量经理、工程经理一起，两个小时、三个小时地去解决现场的问题。

好孩子的极致质量文化源自"三不放过"的自我纠错机制。好孩子各生产单位每年会召开几次专题质量总结会，围绕会议现场张贴的是与产品质量相关的"荣辱墙"：用黄色标注"改善了曾经的痛"，有前后产品对照，有经验总结；用紫红色标注"伤不起"，将客户投诉的问题产品照片一张张陈列出来。好孩子分析典型质量事故案例，秉承"三不放过"原则：事故的责任人不放过，造成事故的原因不放过，改进措施不放过。

好孩子的极致质量文化源自全员教育。好孩子通过集团多种媒体渠道宣传质量文化知识，提高全员品质意识，营造全员参与质量管理的工作氛围。一些事业部举办质量知识竞赛，参赛选手从1200名生产人员中经统一质量考核选拔出来，经过两个小时的角逐，评选出前三名。竞赛结束时，全体人员宣读质量宣言：质量在我心中，质量在我手中，全员参与，创造条件不让别人犯错，力争第一次就把工作做好。

在危机中进步

"中国企业只有加快上层精益化管理和精益生产的创新型转变，才能由中国制造上升为中国创造。"好孩子把精益化管理的起点直指研发设计环节，这个重要认知基于一次合作伙伴 Dorel 在美国市场引发的质量危机。

为提高 OPM 能力，好孩子一直在儿童用品领域拓展关键品类的研发和生产能力。2001 年年初，电动产品在美国兴起，好孩子抽调技术、质量等部门骨干进行"初级电动产品"的工程技术和模具开发工作，没想到订单因为"9·11"事件被迫取消。好孩子美国公司没有就此止步，反而更加坚定了进军美国电动产品市场的决心，这正说明了 OPM 模式与单纯 OEM 模式的巨大差异，好孩子的 OPM 模式牢牢掌握了产品研发的自主权。经过对当时的行业老大费雪的市场调研，好孩子发现其开发速度慢、设计缺乏新意等问题，决定进军电动玩具汽车，与其正面竞争。

2003 年 1 月，好孩子拿到雪佛莱公司的仿真执照。为打响进军美国市场的第一枪，公司重组架构，将电动车厂归入童车事业部，并成立专门的"雪佛莱管理小组"，好孩子和品牌合作公司 Dorel 都投入了大量人力、物力。五个月后，好孩子在通用汽车公司 50 周年庆典上展出四辆玩具电动车样品，引起震动。费雪公司 Power Wheels 产品的难题被好孩子迎刃而解：高度仿真，车身贴花预先做好而不是留给消费者。

好孩子电动车在美国市场异军突起，随后多款产品及时跟进，第一年就在海外市场做出 850 万美元的业绩。好孩子电动"警车、救火车、摩托车、翻斗车"等成为玩具连锁超市货架上的必备款。两年之内，好孩子电动车事业在国内外快速发展。

就在大家沉浸于又拥有了一个支柱产品的兴奋之时，雪佛莱电动车因电子电器方面的故障爆发质量危机，美国市场产品被要求全面下架，欧洲市场销售严重

第二章 视质量为人格的生产观

滑坡，中国市场的退返保修数据居高不下。这是好孩子第一次在国外市场被要求下架、召回，也是有史以来最为严重的一次质量危机。

问题出在哪里？电动产品不同于推车产品，是跨领域的技术研发。好孩子和合作公司 Dorel 都缺乏电子技术的知识积累，为了绕开专利，好孩子走了许多复杂的路，埋下了质量和安全隐患。除了技术壁垒这一根本原因，当时的好孩子还缺乏质量管理手法和健全的检测工具，很难预防、发现并及时纠正已经在市场上暴露出来的质量问题。

Dorel 公司将整个"电动部门"大换血，以期扭转僵局。一时之间，质量成为危及好孩子电动事业生死存亡的重大因素。重新梳理电动项目、探索解决质量问题成为好孩子的当务之急。2006 年 2 月，好孩子完成了电动车项目的重大改组，依照事业部模式，建立从开发、销售、工程技术到制造的一体化运作机制，组建成立新的电动车事业部，并抽调具有航天精密机械背景的赵磊（当时为童装厂厂长，1993 年加入好孩子玩具厂）担当事业部主管。事业部成立后，赵磊一边立即组派品管及工程技术人员走进消费者家中了解产品使用状况并收集市场质量信息，一边组织工程及研发人员改进产品部件。在制造方面，品管部也将质量的管控前置到厂商的原材料生产过程之中，对厂商来料的品质、规格，以及好孩子本厂加工的各个环节，工程、品管部门一起重新逐一梳理。针对曾经发生过的质量问题，不论是出于原材料、工程技术还是制造工艺，都以"质量专题"形式加以改进。质量的检测也增加了指标项目和技术指标提升计划。

起火原因相继被找到并逐一被解决，好孩子将之前外发加工的关键技术及核心组件逐步回收到事业部。随着质量探讨的深入，好孩子越来越认识到电动车所有结构和零部件牵一发而动全身的特点,逐步完善了自己的电子产品生产线。

随着这种小而全的运行机制的逐步完善,问题的处理开始高质而快速。事业部一鼓作气,解决了第三代及第四代驱动板的研制和使用、遥控稳定性、电池持久性、充电器功效增强、独创防尘开关、LED大灯改造、车身表面光泽度及表面贴花等一系列质量难题,制约电动车的技术、质量瓶颈反而在危机之后得以突破。

然而,品牌商对好孩子的信心并没有恢复。当好孩子拿新产品向客户推荐时,遭遇的仍然是不信任。好孩子邀请客户代表全程参与各项试验,其中一次试验了100辆车,合作方最终被打动,采用了好孩子的设计方案。之后两年,好孩子内销的DRP数据有了大幅度下降,由之前的13%下降到1.7%。在外销客诉赔偿方面,2007年是32万元人民币,2008年只有12万元,2009年则没有因质量问题的索赔事件了。好孩子完成产品质量重塑,赢回市场信心,重新获得了客户与合作伙伴的信赖,"宝马、ATV(沙滩车)、翻新甲壳虫"等项目陆续推出,全球玩具巨头"孩之宝"向好孩子伸出合作的橄榄枝。

宋郑还认为,"当质量改进仅仅在原来的基础上提升20%～30%时,市场不会有任何感觉,特别是前期质量问题较多的时候更是如此;当质量提升到50%～60%时,市场只会略有感应,只有当质量问题改进完成90%以上,市场才有真正的认知,才会给你回报"。好孩子电动车事业部在质量危机事件面前,及时找到了技术根源,迅速组建了攻坚团队,对市场和客户做了有效的沟通跟进,并且内部总结出更加精细化的质量管理模式。

一是质量对接市场,变被动为主动。总结过去出现的大量质量问题,除企业自身技术不过硬、管理跟不上外,重要的环节在于质量与市场脱离,完全被动地等待和应对市场的反馈。为提升产品质量，好孩子从管理思路上做了改变，主动收集市场信息，主动防患于未然。

二是管理模式变粗为细，质量团队无孔不入。好孩子提前到产品设计开发阶段参与质量管理，投入更多的时间研究市场及策划市场需求的新产品，从而提升新产品打入市场的命中率，提升产品上市后消费者的满意度。推进并行，工程和各部门有机结合，将问题控制在前端，降低损失。

三是多管齐下，全方位打造质量工程。通过流水线再造、员工培训、优秀员工和班组评比及"和风计划"试点线建设等措施，全面提升产品质量。

四是重整供应商，确保来料质量。电动车事业部作为总装厂，来料质量直接影响过程装配和产品质量，好孩子对供应商根据采购量和重要性分类管理，实现有限资源的效益最大化。

把握不确定

2008年8月，美国前总统布什在卸任前签署了《消费者产品安全改进法案》（CPSIA），该法案提高了在美销售的儿童用品的表面涂层和基材的铅及相关重金属总含量的要求，而且要求自法案生效之日（2009年2月10日）起，不管生产日期是哪一天，所有在零售货架上的产品都必须符合最新的品质要求。这个雷厉风行的法案在美国激起巨大反响，全国的图书馆威胁要集体关门，因为他们根本没有办法保证书架上的儿童书籍都能满足CPSIA的要求。迫于压力，美国国会不得不在法令生效前几天通过补充条款，豁免了一些行业，推迟了达标期限。而与好孩子相关的婴儿推车及汽车安全座等儿童用品并不在豁免之列。

面对严苛的新标准，很多企业陷入惊慌之中。五个月后，在应对美国CPSIA法令的这场硬仗中，好孩子成为中国少数几家完成全部改造并准时出货的供应商。大零售商们纷纷向好孩子下订单救急，好孩子"因祸得福"，占得美国市场更多份额。

好孩子没有应对紧急法令的秘密武器，只不过是平时的积累：完善的检验测试手段，积极主动地跟踪国际最新技术法规与标准动态，并将这些融入产品开发制造的过程，从而大大缩短了国际上产品技术标准和法规对好孩子生产周期的影响。

在经历电动车被召回事件后，好孩子就意识到未来婴幼儿产品在安全上的要求势必越来越高。因此，好孩子在已有的儿童推车实验室、儿童安全座实验室、纺织品实验室等多个专业实验分室的基础上，追加1000多万元的投资，建立了国内同行业规模最大、设施最齐全、设备最先进的中心实验室，使公司对产品中有害物质的控制大大提高，从原先只能进行金属测试，提升到了可以进行重金属、甲醛、偶氮、邻苯二甲酸盐等在内的全部有害物质的检测。

在投资硬件的同时，好孩子还邀请国家实验室的专家，在他们的指导下按照ISO/IEC 17025准则"检测和校准实验室能力的通用要求"，严格参照国际权威实验室的标准，制定并实施了相应的管理及控制程序，并定期与国内外权威测试机构进行技术交流，确保测试结果的一致性。

为保证产品品质满足销往国的要求，好孩子成立了专门的产品标准和技术法规研究机构，及时收集、翻译、整理美、日等国最新的产品标准和技术法规，并分析各国类似产品召回案例，从中了解销往国的消费特点，发挥品质控制经验，制定出用于指导产品研发和制造的、从深度到广度均高于销往国标准和技术法规的企业标准。而最为重要的是，好孩子运用公司在本行业的技术、资源优势，积极主导或参与本行业相关产品国家标准的制定。

在产品设计阶段，好孩子的研发质量工程师就会参与到开发流程中，进行潜在危害分析。在产品研发设计输出前，产品安全委员会会对产品从结构安全到材料安全等多方面进行评审。在工程试制阶段，待新产品的模具样品完成后，产品质量工程师会制订产品质量控制计划，对所有项目进行安全性、可靠性测试。

在新产品投产之前，过程质量工程师会对产品制造过程中可能存在的潜在危害进行分析，必要时还会请产品安全委员会组织对新产品进行安全评审，采取双重措施控制新品的批量生产环节。

在生产环节，供应商管理工程师负责对供应商的制造过程进行监控，进货检验要对每批进货物料进行检验和测试，生产部门则按照过程质量控制计划组织生产，过程检验和出厂检验（IQPC/OQA）单位也会根据过程质量控制计划对产品进行过程或出厂检验。过程质量工程师要根据计划定期、定量抽样并进行全面的产品安全测试及评审。

好孩子将质量控制融合进研发、生产的每一个环节，大大缩短了标准从颁布到研发、测试、批量生产的周期，从而保证了产品在第一时间抢占市场。

在对供应商的管理上，好孩子的品管中心不仅要求一级供应商签署《质量保证协议书》，并亲自审查二级供应商的资格，抓住了供应链的源头。

为了应对此次"危机"，好孩子在2008年年底的一个月里，测试了超过

4000个不同零部件，其单机测试效率已经超过了全球享有很高声誉的一些独立测试机构。

新质量观

在最近二三十年里，管理学者对质量问题进行了大量研究，就质量在21世纪经济竞争中的重要性形成了较为一致的判断。企业通过提供满足顾客需要与期望的高质量产品以获取持续竞争优势。全球竞争力始于质量竞争力，又终于质量竞争力，在努力寻求人力资本、技术与成本竞争力之前，首要获得质量竞争力。美国现代质量管理协会主席哈林顿指出："现在全世界正在进行一场'第三次世界大战'，这不是一场使用枪炮的战争，而是一场商业战争，战争的主要武器就是产品质量。"越来越多的企业将质量管理作为一种战略性举措，将其融入企业日常运营中，从而为企业创造价值。在业界，很多成功的公司像好孩子一样，经历了质量管理的理念、认知、方法、工具的进化，以及与质量管理相匹配的组织变革。

随着经济和技术的发展，政府、行业协会、第三方检测机构等社会组织对质量标准进行了持之以恒的迭代。随着质量意识的提高，1993年我国首次通过并颁布了《中华人民共和国产品质量法》，2012年颁布了《质量发展纲要2012—2020年》，指出坚持以质取胜，建设质量强国，是保障和改善民生的迫切需要，是调整经济结构和转变发展方式的内在要求，是实现科学发展和全面建设小康社会的战略选择。中国经济进入全面高质量发展的新时代。

第二章 视质量为人格的生产观

即便越来越多的公司重视质量和安全管理，全世界仍充满了质量风险。自 2010 年以来，欧洲每年的召回事件多达 2000 多项，绝大部分的召回产品有严重的安全隐患。儿童用品在召回事件中扮演了重要角色，在 2007 年，儿童用品占美国消费品安全委员会（CPSC）召回总数的一半。

2002 年 8 月，*Quality Progress* 杂志采访了 98 岁的朱兰博士，问为什么这么多公司无法达到优秀的质量绩效，朱兰博士写下很多条原因：

管理者犹豫，公司只是"做表面性的质量"，且都失败了；

经营者认为"我们的业务与众不同"；

他们不信任质量管理者，无论内部的还是外部的；

管理层认为获得 ISO9000 认证就能解决所有问题；

许多的质量运动／方法造成很多混乱，使很多管理者以为高质量需要高成本；

管理者认为不亲自参与质量工作也能实现高质量；

质量平庸的产品仍然可以卖。

"如果我们走得太快，停下来，让灵魂跟上来"，印第安人的谚语同样适用于追求生产率和利润的商业世界。自工业革命以来，商业文明在技术的驱动下像脱缰的野马，碾过一次次的经济周期，在更为深刻的技术革命已经起步之际，是时候停下来，让"质量"这个商业文明的灵魂（或良心）跟上来了。

宋郑还讲了一个好孩子拒绝商机的故事："在生意不景气的 2008 年，好孩子曾经面临一个选择。一位外国客户发明了一款便携式餐椅，可以卡在桌上任何一个地方，小孩就可以坐。这看起来是一个很好的产品创意，产品可能会大卖。好孩子的质量部门一评估，说这个东西有点风险，小孩有可能会从椅子上掉下来。

外国客户预测这个产品的生产订单为一年 100 万美元，是一个不小的数目。但质量部门说：不行，有风险，你要修改方案。客户说：我不要改，我给你免责，市场出了问题我买单。好孩子最后把选择权交给了客户：要不你改，要不我们拒绝接单。一年后，墨菲定理发挥了作用，好孩子得知 CPSC 召回了这款产品。"

当好孩子在庆幸"还好，这不是好孩子的产品"时，我们仍然要问，这样的产品有存在的价值吗？有彻底消失的可能吗？在眼前的生意和未来的声誉风险面前，企业家该如何选择？——这是宋郑还希望引起所有企业家思考的问题。

好孩子有世界一流水平的检测实验室，也有世界上最传统的实车行走试验场。这条环形的人工步道始建于 1998 年，周长 100 米，圆弧半径为 6.87 米，包括水泥路面、鹅卵石路面、碎石路面、波浪式路面、沥青路面、梯形水泥台阶、长方形水泥台阶、沙坑和水坑。实车行走场地用于 gb 推车的新产品开发、工程试制和产品改进等验证，针对消费者在实际使用中可能出现的各种问题进行试验，确保出货质量。一款产品要在座椅负重 15 千克～23 千克不等、篮筐负重 5 千克～7 千克不等的情况下，完成 200 千米～500 千米的测试。每天从早到晚，几十位测试员推着款式各异的 gb 童车周而复始地走在环形步道上，这已经成为好孩子昆山工厂的一道风景线。二十多年如一日，宋郑还坚持这么做。就质量检测而言，这是最接近实际使用的试验，是对消费者最为真诚的测试。这鲜活的一幕更象征着一种朴素的管理思想，即最笨的办法往往能直击本质。

2011 年 6 月 30 日，亚太质量组织（APQO）"全球卓越绩效奖"揭晓，经全球质量专家评审，共有 5 家企业获得最高奖项——全球卓越绩效奖，好孩子名列第一，其他获奖企业为新加坡科技工程有限公司、上海七建有限公司、全球印度国际学校（新加坡）、新加坡国家水利局，另有13家来自亚太地区的制造、服务、教育、非营利性企业分别获得优秀奖和鼓励奖。亚太质量组织于1985年诞生，是一个非政府性、非营利性的科学技术组织，目的是推动亚太国家及地区的产品、服务与生活质量的持续性改善。全球卓越绩效奖创立于2000年，是当时唯一的国际性卓越绩效奖项。

在领奖台上，宋郑还发表感言：

"当我走上领奖台，接受这个属于亚太企业最高荣誉的时候，深深地感受到被一种神圣的力量所激励。

"记得22年前，为了学校教育经费问题，我不得不从学校讲台走上了商业舞台。当时，我发誓创建一个好企业，为教育事业作贡献。

"1997年秋天，在美国的行业展览会上，中国台湾的一位老前辈看到好孩子依靠自主创新研发在美国声名鹊起，感慨地说，好孩子为华人在世界上插了一面旗帜。当时我深受鼓舞，从此，实业报国的理想时刻激励着我。

"而今天，当亚太质量组织把如此崇高的荣誉授予好孩子的时候，我深深地感悟到，企业追求卓越经营，创造商业文明和物质财富，一切属于全人类。为全球经济的繁荣、为人类社会的进步作贡献，才是企业的神圣使命。我和我的同事们会以今天的光荣作为更高的起点，加倍努力，为创建世界级卓越企业奋斗不息！"

在互联网、数字化和智能化的趋势下，质量管理的新内涵是什么？生产环节的质量管理贯穿产品设计、制造和售后服务的每个环节，不仅制造业在追求质量管理，服务业也在追求质量管理。真诚地直面消费体验，是好孩子决定开启的质量管理新征程。

第三章

内外联动的品牌观

第三章　内外联动的品牌观

品牌研究权威学者凯文·莱恩·凯勒（Kevin Lane Keller）的父亲是一位曾服役于美国空军的物理学家，他在得知儿子研究的品牌资产概念后评论道：非常有趣，但是，它毕竟不是尖端科学。他说得很对，但正是品牌这门非尖端科学成为中国企业出海的"卡脖子"工程。

经过改革开放40多年的高速增长，中国成为全球第二大经济体，在2019年按营业收入衡量的全球规模最大的企业暨《财富》全球500强企业中，中国企业入榜129家，首次超越美国，成为第一。再看全球两大品牌价值排行榜，一个是Interbrand每年10月发布的全球最佳品牌（Best Global Brand）百强排行榜，另一个是Millward Brown每年5月发布的Brand Z全球最有价值品牌百强（Top 100 Most Valuable Global Brands）排行榜。两大品牌排行榜的估值方法大同小异。Interbrand有三个关键估值指标，包括品牌的财务绩效（ROI）、在购买决策中的作用（RBI），以及品牌竞争强度分析。Interbrand认为有十大因素与品牌强度有关，包括品牌清晰度、内部承诺重视度、品牌保护性和品牌响应度四个内部因素，以及品牌真实性、品牌相关性、品牌差异性、品牌一致性、品牌存在性和品牌理解度六个外部因素。Brand Z的分值由三个关键指标相乘获得，包括无形收益、品牌的贡献和品牌乘数。Interbrand采用五年加总得到品牌价值，Brand Z通过各国市场加总得到品牌价值。迄今为止，中国有两个品牌登陆过Interbrand，2020年只有华为一家继续留在榜单上；而登陆 Brand Z 榜单的中国品牌略多一些，2020年为 19 家。作为国家竞争力的重要体现，在国际上提高中国品牌创建能力和竞争能力成为攻坚课题。

受开设经济特区、减免税务等改革开放政策的影响，"三来一补"模式吸引了许多外资品牌涌入中国，商标保护和品牌意识就在第一代中国民营企业家中萌芽。宋郑还因专利发明而创业，吃过产品被复制、抄袭的苦，对品牌和知识产权保护格外重视，从创立之初就立志做"中国第一"名牌。1994 年，好孩子童车参加中国质量管理协会主办的"全国实施名牌战略成果展"，获江苏省名牌产品称号。三年后，好孩子摘取中国销售桂冠，也让他看到中国本土市场的增长瓶颈，好孩子走出国门势在必行。1996 年起，好孩子"曲线出海"，以创新的 OPM 模式成为欧美多个知名婴童品牌的解决方案供应商，好孩子成为"隐姓埋名"的销售冠军。

2014 年是好孩子品牌战略的转型升级年。在国际市场，在中国香港上市的好孩子国际陆续全资收购德国新锐品牌 Cybex 和美国百年老牌 Evenflo，并推出两个原创品牌，实现从原产品制造商主导业务向品牌主导业务转型，建立起儿童推车和汽车安全座椅两大支柱产品体系。在国内市场，宋郑还提出的 BOOM 概念转化为战略行动，消费者和品牌的连接、线上线下双渠道联动被重视。品牌和厂牌混用的好孩子（Goodbaby）也进行了形象升级，推出全新的 gb 品牌系列，加之好孩子多年代理经营的国际品牌，形成了"战略 + 战术""自有 + 代理"多维度的金字塔型的品牌组合。借助互联网、数字化和智能化等技术手段，好孩子希望重构国内外销售体系，加强与消费者的全渠道沟通与互动，形成粉丝经济。

从 1994 年到 2014 年，好孩子拓展国际代工贸易和国际品牌代理这 20 年，也是中国品牌蓄势待发的 20 年。2014 年 5 月，习近平总书记在河南考察时提出要推动中国制造向中国创造转变、中国速度向中国质量转变、中国产品向中国品牌转变。2016 年 3 月，李克强总理在政府工作报告中提出鼓励企业开展个性化定制、柔性化生产，培养精益求精的工匠精神，增品种、提品质、创品牌。在复杂多变的国际竞争中，品牌成为企业乃至国家的核心竞争力，成为经济和科技较量的制高点。

好孩子 30 年的品牌探索之路是中国制造业高质量转型的一个缩影，回应了中国品牌在国际竞争中面临的诸多困境、问题及努力的方向。

品牌基因

衔品牌而生、创自己的品牌，是好孩子的基因和内驱力。自第一辆四功能婴儿车上市，宋郑还就提出"创新、高端、引领"的品牌定位。为进入上海第一百货柜台，宋郑还在南京路天桥"路演"产品，引导路人向第一百货提出进货需求，超前地使用了"逆向营销"思维。面对产品同质化竞争的威胁，宋郑还"自己打倒自己"，以竞争对手难以企及的速度拿专利、出新品，并迅速搭建全国分销网络，加强品牌与消费者的连接。

迈克尔·波特在《国家竞争战略》一书中就说过：当其他竞争者还在国内市场相互厮杀时，有远见的企业已经伸入国际市场，塑造更完整的竞争优势。1993 年好孩子引进日本品牌在昆山投资建厂，同时在原厂中导入日本的管理理念。

自我颠覆：宋郑还管理思想探究

1994年，好孩子布局海外，在美国、德国和日本先后设立了分公司。最初，这些分公司主要负责收集行业发展趋势，同时负责产品在海外的销售工作。在尝试用合资公司的业务模式直接在美国市场打Goodbaby品牌失败后，1996年，好孩子找到美国合作方Cosco，以联合品牌及OEM方式进入美国主流卖场。

1997年，在美国达拉斯行业展览会上，好孩子在Cosco的展位上推出48辆全新的概念童车，引起业界轰动。一位行业老前辈走到挂着"好孩子集团"中文条幅的摊位前，说："宋先生，你为我们华人争了光，我做婴儿车30年，一直想用自己的品牌在美国市场露一露，但我没有这样的机会，而你做到了，你了不起。"这幕场景时时激励着宋郑还。

与改革开放后中国诸多代工企业不同，好孩子并非"核心技术"和"国际市场""两不靠"，相反，好孩子是一手抓技术、一手抓市场，灵活应变。通过与国际品牌商和渠道商的紧密合作，好孩子为合作方提供产品导向解决方案，不断构建国际成熟市场标准的技术服务能力，获得了高于行业水平的代工收益[1]及规模增长，为之后的全球品牌化运营转型储能。好孩子的案例证明公司创始人的品牌意识决定了企业能否登上品牌战略的高度。

宋郑还说自己出生后联结宋、郑两家的命运起点，启迪了他开放包容的世界观和与人为善的人生观。在商场上，他奉行"出资我先，让利我先"的合作原则，在行业积累了好人缘，成为好孩子品牌声誉的源泉。

公司品牌比产品品牌有更宽泛的品牌联想，一个强势的公司品牌对产品品牌特别是新产品品牌的市场绩效有重要且正向的影响。《财富》杂志每年评选全球

---

[1] 据好孩子国际首席财务官刘同友先生口述，2020年12月31日访谈。

十佳声誉公司，其评价指标包括：质量管理，产品或服务的质量，创新，长期投资价值，财务状况，吸引、发展和留住人才的能力，社区及环境责任，公司资产的正确使用和全球竞争力。在开展国际 OPM 业务过程中，宋郑还致力于将好孩子塑造成"专业、可靠、进取、创新"的企业形象。

"超出预期"是宋郑还的一个经营思想。不管是以供应商名义还是以品牌商名义参展，宋郑还要求好孩子做好一鸣惊人的准备。科隆国际儿童用品展（以下简称科隆展）是世界上公认的为"小不点"公司服务的最好展会。它是儿童用品领域的一个具有风向标意义的展会，也是设计师的领航灯，展商中 80% 来自国外，有"中小企业进入世界市场的入场券""国际化公司起点"的美名。宋郑还不惜连夜赶工，为美国合作方 Cosco 公司赶制出远超预期的童车样品数量，在科隆展上一举成名，展示了中国企业有能力、有担当的形象。好孩子一方面狠抓专利技术和质量管理，一方面投资建设儿童耐用品"垂直一条龙"供应链，并成为国际领先的合作方，多次被 Dorel、Huffy 等公司授予"最佳供应商"的称号，拥有稳定发展的全球战略同盟。

作为行业领袖，好孩子敢于就"发展与可持续"议题提出自己的建设性方案，并抓住重大国际事件营销，践行其"关心孩子，服务家庭，回报社会"的愿景，不断巩固其负责任的企业形象。2010 年好孩子国际在中国香港上市，同时期提出"从摇篮到摇篮"的经营理念。在上海世博会期间，通过提供免费世博儿童推车、共建荷兰馆等行动，好孩子树立了良好的公众形象。好孩子通过自身的经营活动，如响应国家政策、积极纳税、公益慈善、自主创新等示范性活动，获得昆山、江苏乃至国家层面的认可和褒奖，获得各级政府和行业协会的诸多奖项，好孩子品牌被权威机构认定为名牌和免检品牌。

在好孩子企业品牌的塑造过程中，宋郑还个人的社会活动成为不可或缺的组成部分，甚至是重要的精神资源。2017年宋郑还两次应邀参加李克强总理在中南海主持召开的企业家座谈会，对内外需增长和消费升级提出了自己的观察："关于内需，依靠性价比的年代过去了，进入了一个性能比的年代。这就考验一个企业的产品质量、品牌美誉度，以及适应消费者需求的能力。关于外需，中国企业在以中国作为母市场向外扩张的过程中，正在经历一个非常大的机遇期，即整合世界资源实现品牌国际化。好孩子在产品经营向品牌经营的转型中遇到前所未有的挑战，贴牌客户纷纷离开，订单大幅度下降，连续三年出口下降。但我们必须走OBM模式。中国很多企业有基础，可以大胆跨出去并购和整合。"

宋郑还在创业过程中坚持"走正路、走大路"，其实质是坚持走自主品牌之路。在技术要求较低的儿童用品行业，对"创新"和"质量"的坚守，让好孩子成长为具备国际竞争力的OEM供应商和OBM品牌商。"好孩子走的路每一个企业都可以走，你成不了华为，但可以成为好孩子，只要你坚持、整合。"这也是宋郑还愿意笔者记录好孩子的原因，他希望能与更多中国企业家分享好孩子的经验和教训，"做品牌很难，你要创新，做民用的产品，小发明、小创造，中国人很行，市场很大。"而对于好孩子企业品牌而言，更大的挑战还在未来，即从B2B的企业品牌如何向B2C甚至更加复杂的平台企业商业模式转型。

第三章 内外联动的品牌观

"常春藤"战略

从 1994 年到 2010 年，多年国际化路程是好孩子作为企业品牌闻名世界的过程。为持续巩固和加强已有的优势地位和核心竞争力，好孩子开始在全球组建研发中心，实现 OPM 业务的本土化经营。

2010 年，好孩子国际在中国香港上市。在当年年会上，宋郑还就好孩子品牌提出了"常春藤"战略。

"有这样一个形象的比喻：把两粒不同的种子种在同一块土壤里，它们长出了不同的植物，一个长出来一棵草，另一个长出来一棵树。草和树都想发展，慢慢地它们就形成了草原和森林。不过，草原上也有一棵树，它显得很高大。而森林里也有草，草顺着树慢慢地往上爬，成了常春藤。它爬在树上，生命力很强。企业也有几种：一种是草原，它每一个地方都很小，但是它连成了一大片；一种是树，它们自成一体，但有些是独立在草原上的树，有些是连成片的树；树林里还有顺着树爬上去的常春藤。好孩子在国际市场上有点像常春藤生态，我们与当地的行业龙头企业合作，它们是一棵棵大树，我们为它们服务，并借势发展。我们不一定要在国际市场上要形成一片森林，但要按照常春藤这样的思维去发展。

"'常春藤'战略要分成三步走：第一步，打好四个基础。建立以全球市场为导向、以全球化人才为依托的商品研发体系；建立以自有技术和数字化管理为基础、工艺先进、品质可靠的一站式制造基地及其管理下的供应链体系；建立以客户满意度为导向的、与客户私密化、无间隙、互动式的客户关系服务系统；建立以投资价值为基础、市场化的资本运作平台。第二步，整合中国的制造业资源。第三步，整合全球研发、制造、分销资源。我们将用3～5年时间成为全球产业链的领导者。

"在中国市场，我们好比草原上的一棵树，而众多母婴店就像一片草原。我们要做好分销，服务好母婴店。我们的愿景是要成为中国第一、世界著名的母婴行业服务平台，为消费者及行业相关者提供所需的一站式解决方案，我们要构建一个能够集资本、经营要素、信息管理和服务技术于一体的，可以指导行业资源配置、创造产业链增值的平台型企业。"①

在"常春藤"战略的指引下，好孩子走出了一条独具特色的国际化路线，即OPM模式与自主品牌模式并驾齐驱。好孩子童车在中国市场的销量自1994年以来长期稳居第一，市场占有率最好时超过70%；好孩子童车在美国和欧洲的市场占有率保持在40%左右的水平，遥遥领先。但这只是实现了宋郑还的半个梦想，即好孩子走出国门，在全球婴童用品产业链中发挥举足轻重的作用，在设计研发和生产制造等核心环节体现了中国企业无可替代的价值。

成为合作伙伴的秘密武器是在"常春藤"战略中实现OPM模式竞争力的关键。

一是与合作伙伴贴身作战。在美国市场，好孩子建立了美国研发中心和美国分公司。美国研发中心负责北美市场研究和产品规划设计，美国分公司则负责与合作伙伴及零售商的商务沟通。Cosco的母公司Dorel是美国婴幼儿汽车座的最大生产商，也是好孩子在美国市场的最大合作伙伴，其汽车布套的绝大部分订单都由好

---

① 宋郑还在好孩子2010年工作会议上的讲话。

孩子生产，这家公司的业务占到美国市场80%以上的份额。好孩子集团美国公司在Dorel集团的两个地点都设置了办公室，并在其销售和市场前线所在的波士顿地区设立了设计工作室，聘请美国本土资深设计人员直接和Dorel公司的产品开发团队沟通，这大大加快了新产品开发的周期，同时降低了合作伙伴的资源投入，解决了中美企业之间因为时差、文化及商业思维造成的差异和误解，将合作伙伴的关系变得更加紧密。

二是预判及迅速响应的供应能力。2008年年初，密切跟踪市场环境的好孩子美国设计公司发现经济下滑的可能性在加剧。据此判断，美国市场的消费行为将发生变化，即中低端产品需求将随之上升，而中高端产品需求将会减少。好孩子美国设计公司迅速着手调整产品设计，到下半年时，一系列中低价位的新产品已开发完成。同年，以雷曼兄弟投资银行破产为肇端的金融危机全面爆发，玩具反斗城和沃尔玛的中高端产品滞销，亟需引进中低价位产品线在圣诞假期促销。好孩子的提前准备及迅速响应让Dorel集团抢占先机。这一次的合作成功对好孩子也同样具有非凡意义，这是好孩子第一次以中低价位系列产品第一的姿态出现在国际市场上。

在国际市场上，通过与以Dorel集团为代表的核心蓝筹客户的战略合作，好孩子的产品销往北美、欧洲、东南亚等国家，又通过开拓自主渠道，将合作品牌销至南美和俄罗斯市场，凭借强有力的供应链投资布局、行业领先的产品创新能力及坚持质量标准的管理，好孩子迅速崛起为行业的隐形冠军。从OEM或OPM模式向OBM模式转型，体现了宋郑还改革的决心。在2014年收购美德品牌之前，好孩子用Geoby品牌摸索出一套自主品牌外贸转内销的打法。

| 自我颠覆：宋郑还管理思想探究

对于好孩子来说，OEM业务是一个不可或缺的支柱之一。好孩子也曾想过做自己的品牌，尝试研发设计三款篮球架投放国内市场，但是受到市场风险的压力和国外客户合作协议的约束，这一尝试被迫终止。但好孩子没有因为外部因素而放弃做自主品牌的追求，一直在寻找新的机会。随着企业的发展，好孩子坚持多年的"锂电"逐步走到时代前列。好孩子将从事OEM业务的公司主体百瑞康更名为捷奥比（Geoby），制订了锂电自有品牌发展战略。随着锂电池电动车自有品牌的成功开发，Geoby的OEM销售比重下降，产品品类拓展至自行车、运动器材、电视架及老人椅等。

宋郑还评价：电动车事业部从过去的亏损大户转变成好孩子内部发展自主品牌的最佳实践，建立起融销、研、产于一体的事业部，调动内在驱动力，发挥主动经营的企业家精神，闯出自己的生意模式。以市场为导向，围绕消费者运作，而不只是围着订单转，不只是卖产品，这正是品牌思维带来的营运模式提升。

宋郑还从未放弃过"不是世界名牌，就不是中国名牌"的执念，好孩子以自主品牌真正崛起于世界婴童品牌之林是他的另外半个梦想。在成为全球行业隐形冠军的过程中，好孩子在等待自主品牌出海的时机，并最终在新兴市场中看到了一丝曙光。

好孩子在新兴市场中的起步是开拓美国市场的一个延续。1996年，负责美国分公司的曲南在开拓当地市场时，因地缘相邻，顺势前往南美寻找客户，在委内瑞拉、阿根廷、巴西等国家和地区找到一些有实力的经销商代理好孩子产品。初期，南美市场的订单普遍较小，好孩子因资源调配围绕成熟市场，很多时候无法保证南美市场的交货期限，最长时达到100多天，后通过改善组织内部运营及贴牌客户的配合，交货期压缩到 45 天。这为公司赢得了更多的订单。

2000 年，好孩子在南美市场开发了一个新客户 lnfanti，其是由南美多个国家的成员组成的一个松散型采购集团，他们看中了好孩子的产品研发能力，更看中了好孩子稳定的质量水平和在行业中的地位，双方开始合作后业务迅速增长。从 2004 年以来，成交金额从百万美元增长到千万美元的规模。lnfanti 采购的产品线中以推车、合装车为主，占其采购额的 81%。

由于与美国市场相邻的地缘关系，好孩子在南美延续了北美市场的 ODM 模式。这片市场的开拓使好孩子美国公司锻炼了自主开拓市场渠道的能力，也磨炼了国内的研发部门和供应链在应对不同市场需求叠加时的应变能力。

俄罗斯市场的起步源于边境贸易。1999 年前，好孩子在俄罗斯的销售规模比较小，客户也零星，不成系统，但他们认为好孩子的产品品质过硬。为了防止假冒，俄罗斯派生出一批专门帮客户鉴定好孩子产品的专家。1999 年，一家长期关注好孩子产品并对双方合作感兴趣的物流运输公司主动与好孩子洽谈合作，成为俄罗斯的独家代理。

在俄罗斯市场上，知名国际大牌旗舰店或专卖店并不多见，各色产品交错横陈，在儿童用品商店里，世界第一大品牌的高档推车与名不见经传的小公司生产的低端推车可以陈列在同一个货柜上，品牌营销的难度很大。好孩子与 NOVOBABY 公司建立品牌联盟，开拓俄罗斯市场。经过十多年的密切合作，这个对儿童产品一窍不通且没有任何销售经验的客户从百万美元开始，做到近两千万美元，成长迅速，让好孩子感受到新兴市场的力量。

俄罗斯是好孩子自有品牌出海的第一大国，Geoby 成为俄罗斯知名商标，确立了优势品牌的地位。2008年国际金融危机之后，俄罗斯遭遇信用危机、货币贬值，很多商场破产。好孩子及时调整品牌策略，准备了与 Geoby 差异化的低价位产品线 Happy Dino，通过降低产品生产成本赢得更多市场。为了增强客户与好孩子合作的信心，以推动他们加大品牌推广投入，不断提升营销能力及专业化管理水平，好孩子与俄罗斯客户签订了长期代理合同。

中东市场是好孩子又一个自主品牌出海阵地。除了接单型贸易，好孩子主动尝试库存式销售，预判适销产品型号、配色，集中下单生产，降低成本，取得价格优势，缩短了出货周期，赢得更多订单机会。库存式销售检验了好孩子海外直销的多重能力。

尽管直销业务收益只占欧美市场的 5.3%，好孩子在欧美的分公司仍不得不积极拓展新的蓝筹客户，以及维护与老客户的合作关系，但在新兴市场的 OBM 业务不仅提振了好孩子自主品牌出海的信心，更从中发现了品牌的一些奥秘，尤其是原产地效应。

自主品牌的"出生证"对品牌的整个生命周期都有强大影响力，企业可以让品牌主动与原产地产生关联，却不能阻止本土市场对其品牌产生原产地联想，一旦国家形象嵌入品牌基因中，溢价与风险并存。譬如，我们对原产地为瑞士的手表、原产地为法国的红酒、原产地为澳大利亚的农产品容易产生积极的联想。Interbrand 研究指出，不同的国家形象给它们的代表性产业及品牌带来了独特的影响。美国是探究、自由、实用、理性和科学；日本是微型、精致、有序和顾客第一；法国是情调、特有气质、高贵和自由；韩国是挑战性、正直和实用。国家品牌为本国企业在品牌国际化中带来独特的无形资产。

为此，发达国家的政府不惜投入巨资打造国家形象。澳大利亚政府于1982年开始使用"澳大利亚制造"（Australian Made）和"澳大利亚种植"（Australian Grown）标志。2013年，德国政府先期投入两亿欧元，提出"工业4.0"战略，以智能制造为主导的第四次工业革命，利用信息物理融合系统（Cyber-physical system）将生产中的供应、制造、销售信息数据化、智慧化，最终达到快速、有效、个性化的产品供应。该战略为"德国制造"赋予了新内涵、新形象，以达到提高德国工业的国际竞争力的目的。2009年，韩国成立国家品牌委员会（Presidential Concil on Nation Branding），由时任总统李明博直接领导，在"为国际社会贡献""尖端技术产品""文化与旅游""多元文化与外国人""全球市民意识"五个方面集中塑造韩国的新形象。

2009年11月23日起，一则主题为《中国制造，世界合作》的商业广告在美国CNN的美国频道、美国头条新闻频道和国际亚洲频道正式亮相。该广告片由中国商务部会同4家行业协会共同推动，强调中国企业为生产高质量的产品，正不断与海外各国公司加强合作，并用"Made with China"来取代"Made in China"。在当时全球经济复苏疲软、贸易保护主义抬头的形势下，中国政府高调在海外投放国家形象广告，算是首次。《国家形象与竞争优势》（Eugene D. Jaffe和Israel D. Nebenzhl著）一书指出，国家形象会显著影响消费者对该国制造的产品的评价，进而影响产品在国际市场上的营销方式。2015年5月，中国政府公布《中国制造2025》，提出中国制造强国建设三个十年的"三步走"战略，鼓励企业追求卓越品质，形成具有自主知识产权的名牌产品，不断提升企业品牌价值和中国制造整体形象。

所谓国家形象，作为一个文化象征，并非客观存在，而是在国际政治经济秩序和格局塑造中的舆论力量的角逐反映，影响国家形象的主要因素包括但不限于意识形态差异、经济发展水平和科技发达程度。对于欧美消费者而言，要接受来自社会主义国家的"中国品牌"，需要逾越一座座认知"大山"。在B2B领域，好孩子与欧美品牌商、零售商可以通过紧密合作塑造值得信赖的合作伙伴的形象，但作为自主品牌，其基础的"产品和服务"功能并不会对消费者"说话"。在品牌营销投入不足的情况下，品牌的原产地效应就显得至关重要，俄罗斯和中东市场成为好孩子自主品牌出海的主阵地，其与中国较为亲近的地缘政治关系发挥了不可或缺的作用。

回到企业本身，好孩子自主品牌出海探索的可能性来自其业务模式的多样性和灵活性，即OEM、ODM和OBM的组合和切换。好孩子在国内外市场开拓这三种业务模式的过程中积累了生产制造、研发设计和销售渠道三足鼎立、自成一体的竞争优势。

好孩子的实践证明了迈克尔·波特的另外一个论断，即当企业寻找新的竞争优势时，最重要的行动是"创新"。而一旦陷入国际竞争中，创新就必须同时考虑国内及国际市场的需求。以OPM模式为主的国际蓝筹业务在2008年国际金融危机之前一直是好孩子最重要的业务。与此同时，好孩子在国内市场用好孩子、小龙哈彼（Happy Dino）、Geoby这三个自主品牌继续保持领先，同时试水"品牌出海"。

第三章　内外联动的品牌观

并购逻辑

好孩子国际在2014年连续重拳出击，收购了行业内的德国黑马品牌Cybex和美国百年品牌Evenflo。宋郑还认为这两次并购是天时、地利、人和下的双剑合璧，属于优势互补。

本着自主品牌出海的初心"无奈"走上国际代工之路，在国际市场上缺少强势自主品牌是好孩子刻骨铭心的痛，是显而易见的短板。随着中国的改革开放，在参与全球竞争中，中国企业越来越意识到品牌的价值，拥有、保持和强化品牌能力成为企业管理的要务。在中国上市企业三四十年的海外并购历史中，优势品牌成为重要收购标的。2004年，联想以17.5亿美元收购IBM的PC业务，轰动一时。据市场研究公司Gartner在2012年发布的报告称，联想的PC市场份额由2004年的2%上升到当年第三季度的15.7%，超越惠普和戴尔，成为全球最大的PC制造商，并且还拥有了笔记本电脑第一品牌ThinkPad。也正是这次跨国并购，让联想品牌跻身Interbrand全球百强榜单。2007年，收入约为100亿元人民币的吉利出价60亿美元向同年收入为106亿美元的沃尔沃提出收购要约，并在金融危机后等来时机，最终以27亿美元的总价收购了沃尔沃百分之百的股权，整合数年后推出领克品牌，因其设计、研发和产品理念根植于欧洲，成为第一个进军欧洲的中国汽车品牌。尽管海外并购的效果喜忧参半，中国企业仍然在国际上频频出手。中国纺织业领军企业如意集团在2010年收购股价低迷的日本百年老店

RENOWN，在签约晚宴上，董事长邱亚夫说："就算RENOWN最终不能起死回生，我们从它那里看到自己的差距，学到它的管理和经验，也值了。"中国企业在追赶中的谦逊姿态由此可见一斑。

行业不同，局势不同。在国际业务方面，好孩子是伴随世界最优秀的一批儿童用品品牌共同成长的供应商，掌握领先的研发和设计能力、生产和品控能力、供应链组合能力。拓展婴童耐用品产品线是另外一个考量。随着欧美各国纷纷出台儿童乘车安全法规，宋郑还敏锐地意识到汽车座椅将迎来增长期并终将带动广阔的中国市场，好孩子必须占领先发优势，进而寻找更多儿童用品的增长点，充分发挥一条龙垂直整合能力。此外，宋郑还还有一个更为深远的考量，即通过本土化经营获取母国市场独特的资源、经济和制度优势，在国际竞争中获得比较优势。

2008年国际金融危机以来，好孩子的海外OPM业务受到重创，收益逐年下降。2013年财报显示，好孩子来自欧洲和北美两大主要市场的收益较2012年分别下降了20.1%和15.3%，而中国市场的收益则同比增长了4.2%。"海外蓝筹客户订单的减少是意料之中的事情，好孩子集团现在处于特殊过渡期，品牌之路和代工业务之间必须要有所权衡取舍。我们要'走出去'，必然需要有自己的品牌去主流市场竞争，但是现在我们排除再创一个品牌的可能性，而是去收购。因为品牌是需要沉淀的，收购的话，就需要割肉了，我们要毫不犹豫，要发展，必须要经历割肉这个环节。"宋郑还在一次高管会议上统一思想。蓝筹业务的被动性显而易见，好孩子迫切需要具备国际竞争力的自有品牌，在变化的环境中把握自己的命运。2014年，好孩子集团陆续全资收购了德国企业Columbus Holding GmbH和美国企业WP Evenflo Group Holdings, Inc.，从而拥有了这两家企业的

Cybex、CBX、Evenflo、ExerSaucer 及 Snugli 等婴童耐用品品牌。

Columbus 和 Evenflo 是两家有着迥异资源禀赋的婴童用品公司。宋郑还在选择并购标的的时候，考虑最多的是资源和能力的互补性。Cybex 的中高端品牌定位补充了好孩子的品牌经营能力，加强了汽车座椅的研发实力，拓展了好孩子在欧洲的分销渠道。更让宋郑还骄傲的是，他出让 10% 的股份将 Cybex 的创始人 Martin Pos 收至麾下，在一年多后把总裁职位让给他，由这位擅长品牌运营的管理者掌舵好孩子的全球品牌战略，并将德国柏林设立为好孩子的品牌中心。百年品牌 Evenflo 深受美国消费者喜爱，是中端实用品牌，拥有完善的汽车座椅产品系列和相关技术，并在南北美都有工厂。收购 Evenflo 增强了好孩子在北美市场的分销和运营能力，有助于好孩子迅速进入成熟的零售、营运及服务平台。

在收购前，好孩子的优势集中在婴儿推车领域，收购两大品牌后，不仅补足了汽车座椅的研发、设计、生产和销售能力，而且收获了两家公司在儿童早期启智、运动等领域的品牌，成为全品类儿童耐用品生产商和品牌商。

宋郑还认为，这次并购符合好孩子以自有品牌巩固其在全球儿童用品市场中的领导地位，扩大资源支持自有品牌与其他国际著名品牌发展联盟关系的战略。好孩子初步完成全球化布局，在中国、北美和欧洲均拥有头部品牌、本土化经营团队和营销服务体系。

与并购同步进行的是创始品牌"好孩子 Goodbaby"的升级重塑。面对消费人群的更新换代和消费市场的开疆拓土，这个用了 20 年的形象显得有些不合时宜。调查显示，由于文化的差异，国外的许多消费者认为"Goodbaby"这个 Logo 太具象，很无趣，不管从视觉上还是读音上都不国际化。若要打造国际化品牌，就必须进行品牌更新，在原有品牌资产的基础上进行整合与提升。宋郑还决定重新设计好孩子品牌标识。

这是一项颇具挑战性的工作。好孩子请欧洲设计中心的资深设计师玛莎·德·克拉克担纲，引领好孩子品牌从产品功能、外观潮流、风格设计上向时尚转型，gb品牌Logo由此诞生。gb可以视同Goodbaby的缩写，是一种延续，也可以视同一个新符号，一个很中性和国际化的标识。借好孩子诞生20周年的契机，好孩子在香港儿童用品展上正式发布新品牌。红色的gb图案传达出品牌时尚化的发展理念，传达出"中国"和"爱"的信息，展现好孩子产品安全、耐用、时尚、关爱的核心价值。

好孩子在美国市场的直销业务取得重大进展。继2013年第四季度推出由沃尔玛独家经营的Urbini品牌后，好孩子与玩具反斗城合作推出gb品牌，与北美主要零售商合作推出Rollplay电动玩具车品牌。并购当年，好孩子的直销业务营收同比增长逾174%。其中，好孩子自有品牌（不含并购业务）的收益同比增长约440%。

与此同时，被收购的Evenflo和Cybex也显现出预期的协同效应。Evenflo停止了多年来8%的收益下降趋势，取得6.9%的增长，推出7款新产品。Cybex在当年德国科隆展上推出12款新品，完善了欧洲的销售网络，提升了在北美的销售业绩。Cybex品牌自并购以来每年以20%~30%的速度增长。好孩子第一次以品牌商的身份参加2014年在德国举办的科隆展，在展会上，好孩子中国、德国、美国、日本、荷兰等地的员工经过180天的协同作战，展示了经过精挑细选的10余款概念新品，以体现好孩子品牌是领先全球的设计创意、时尚潮流和先进工艺的完美结合。定位高端、艺术的 gb 黑标产品引起了零售商注意，英美儿童用品零售巨头 Mothercare、BRU 等随之与好孩子扩大了合作规模。

代理国际知名运动品牌、建立母婴零售渠道并形成品牌联盟，是好孩子除收购整合之外的另外一个重要品牌运营策略。在好孩子代理的运动品牌中，耐克儿童 Nikekids 是其中最大的一个品牌。耐克在销售时发现，品牌的延伸并不简单，耐克需要借助一个中国人认可的儿童用品品牌来打造儿童用品。由好孩子来代理耐克，达到了双赢的效果。对好孩子而言，与国际大牌合作，对品牌形象的提升也很有帮助。代理耐克的成功让好孩子开始了品牌联盟的大动作。好孩子在中国全面代理欧洲高档童装 CAKEWAu、意大利 PARROT 童装、英国 TOMMEE TIPPEE 婴儿系列产品、美国迪士尼童车、欧洲 SAFETYIST 婴幼儿养护安全用品、美国 Cosco 儿童汽车安全座等十大国际品牌的产品。这些联盟分代理和品牌许可使用两种形式，由好孩子在中国建立品牌专柜，童装由品牌拥有者提供设计、形象要求和培训，由好孩子贴牌加工，同一品牌的产品在中国的售价比国外更有竞争力。

品牌联盟成为好孩子在国际化市场大潮中应对来自四面八方挑战的有力武器，同时，宋郑还也意识到了品牌联盟的缺陷。恰如竞争战略之父迈克尔·波特所言，联盟活动可以加速企业的全球化战略，打开规模经济，获得所需的市场、技术或其他好处，企业本身却无须丧失独立自主性或付出大笔购并费用，因此在国际竞争中成为风潮。对于不想放弃本身优势，又希望取得其他国家优势的企业而言，联盟是极具诱惑的做法。然而，联盟本身并不能真正解决问题，因为没有一个企业能依赖同业的技术和资产发展自己的竞争优势。联盟是后起企业而非领先企业的战略，因为它会妨碍领先厂商自我发展的努力。但宋郑还没有做非此即彼的选择，他说："做企业最有价值的是做自己的品牌，但正在强大的好孩子一如既往地不拒绝 ODM、OPM，甚至 OEM。就发展制造业而言，捷安特模式是好孩子不变的标杆，它除了是世界位列前三名的自行车品牌商，还是自己最大的竞争对手的制造商。'有吨位才有地位'，抢占市场份额依然是好孩子的首要目标。"在国际市场上，好孩子尽管秉持 OPM 和 OEM 双轮驱动模式，但把自有品牌创建放置于更高的位置。2012 年香港展之前，宋郑还设置"总裁项目"，该项目的产品必须打造 gb 品牌。

"好孩子要组建品牌的航母战斗群。当品牌经营崭露头角，马太效应便要现出端倪，目前有越来越多的国际知名高端儿童用品品牌加盟好孩子，零售终端也从单一品牌店向多品牌集合店的模式扩展。好孩子未来的发展模式一定是继续深入地锤炼好孩子的品牌影响力。但反过来，正是因为有过硬的产品研发实力，好孩子以品牌驱动谋求更多商机就不会是无根之水、无本之木。"在商机的选择上，宋郑还有定海神针。

为此，好孩子构建起一套能够满足不同的地域分布、价格细分及分销渠道的儿童耐用品品牌组合，如图 3-1 所示。

一是自有品牌，包括战略品牌好孩子、gb、Cybex、Evenflo 和 Rollplay，以及战术品牌小龙哈彼、Geoby、Goodbaby、Urbini、CBX 和 Exsaucer。

二是合资品牌，好孩子与英国著名母婴用品品牌 Mothercare 成立合资品牌，在中国开设一站式购物中心。Mothercare 旗下品牌包括 Mothercare、ELC 及获得授权在中国经销的第三方品牌如 Maclaren、Inglesina、Cybex、BabyBjorn、

Tommee Tippee 等 47 个国际著名品牌。

三是战略合作品牌，好孩子是世界前十三大运动及户外品牌包括 Nikn、adidas、Under Armour、Puma、Skechers、New Balance、Convers、Reebok、The North Facf、Columbia、Clarks、GEOX、Wilson 等的战略合作伙伴，享有各大品牌儿童系列的中国独家或优先经营权。

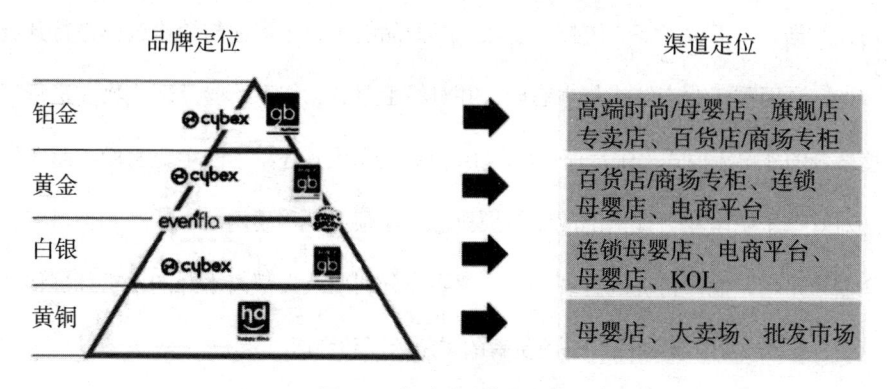

品牌定位		渠道定位
铂金	cybex / gb	高端时尚/母婴店、旗舰店、专卖店、百货店/商场专柜
黄金	cybex / gb / evenflo	百货店/商场专柜、连锁母婴店、电商平台
白银	cybex / gb	连锁母婴店、电商平台、母婴店、KOL
黄铜	hd happy dino	母婴店、大卖场、批发市场

图 3-1　好孩子品牌金字塔

好孩子的品牌组合覆盖品类齐全的孕婴童耐用品产品线，包括婴儿车、汽车安全座、婴儿寝具、餐椅、学步车、自行车、三轮车、电动车、游戏座等耐用品，以及哺育用品、婴童服饰、洗护用品、卫生湿巾、纸尿裤、育婴电器、婴儿成长鞋等消费品，用户年龄周期延长为 1~14 岁。针对市场渠道的定位，好孩子按照"黄铜、白银、黄金、铂金"四个层级自下而上搭建出品牌定位金字塔，在每一个等级中布局相应品牌的产品线，攻守兼备，以整体提高集团品牌的市场竞争力。

| 自我颠覆：宋郑还管理思想探究

BOOM 引擎

阿里巴巴在 2016 年提出"新零售"概念，即企业以互联网为依托，通过运用大数据、人工智能等先进技术手段，对商品的生产、流通与销售过程进行升级改造，进而重塑业态结构与生态圈，并对线上服务、线下体验及现代物流进行深度融合的零售新模式。宋郑还提出的 BOOM 概念比其还早了四年。BOOM 是宋郑还对好孩子中国业务提出的战略转型概念，他预见到移动网络、品牌和会员将重塑零售市场，他一再提醒管理团队："要充分利用人人都离不开的手机开展移动营销、粉丝营销，实现品牌与消费者的零距离互动沟通。"

并购完成后，好孩子拥有数十个国际一线品牌的经营权，以及完善的线上线下销售网络。在线下，好孩子建有 37 家分公司，46 个物流仓库，4500 多个自营零售店，15000 多个第三方零售店，10000 多名一线销售和服务人员。在线上，好孩子有科学育儿网，好孩子 App，好孩子官方商城和旗舰店，会员数量在 2014 年就已经逾 600 万，还有基于微信的小程序、云店等移动商城。宋郑还希望好孩子中国通过实践 BOOM 战略，以品牌为引擎、以用户为导向，整合全球资源，构建一个打通商品、订单、物流、支付、会员、服务、营销的中国孕婴童经济新模式，最终打造出一个服务全球市场的育儿生态平台。

全球经济深受 2008 年国际金融危机影响，儿童耐用品行业利润大幅下降，供应商、品牌商与零售商在产业链上互相挤压，争夺市场。补上品牌和品类短板的好孩子趁势巩固优势地位，提出了"全球化、粉丝级、生态型、整合者"的愿景。好孩子的业务划分为五大生态模块，即全球品牌管理、全球供应链管理、全球区域销售管理、全球技术服务、集团战略与服务。德国柏林成为品牌与营销中心，是全球营销的策略中心。公司经营从渠道分销向品牌零售转型，零售终端和消费者成为品牌经营的两个堡垒，而这两个堡垒正在发生翻天覆地的变化，形成新消费趋势。

宋郑还认为，好孩子应该关注三个趋势：第一，中国新中产阶级崛起成为新消费主力人群，他们追求有品质的生活，个性张扬且充满自信，因此大而强的国际品牌与小而美（新、奇、酷、国潮）的潮流品牌在市场上各显神通，单品、爆品现象变成常态。第二，各个消费层级中都存在消费升级，且三、四线市场空间巨大，爆发力强，小镇青年成为品牌重要的用户画像之一。第三，消费与社交、文娱、休闲等场景无缝切换甚至叠加，电商社交化、实体店媒体化，必须布局圈层社交、私域电商和会员制度三者间的关系，获取分享经济的红利。

面对消费端"O2O融合""数字化"和"智能化"的新趋势，宋郑还对供给端提出了"柔性生产""敏捷供应""定制方案""匠心优品"和"跨界增值"等新要求。宋郑还认为品牌能力、制造能力和渠道能力兼备的企业才能获得未来竞争的头部效应："BOOM是好孩子选择品牌经营的终极模式，创新、创优、创名牌是好孩子实现BOOM战略的原动力。"

宋郑还提出：顾客是企业唯一生存的理由，我们必须从顾客价值出发，围绕顾客的需求、体验、口碑、参与、分享和社交展开商业版图。

宋郑还寄希望于以"顾客主义"实现好孩子从制造企业向零售品牌弯道超车：

一是做好产品，用物美价平、便利省心与年轻消费者达成共识；二是社交而非广告成为用户对品牌认知的主要途径，品牌拟人化的社交能力或关联 KOL 的社交能力成为品牌触达、占领用户的主要能力；三是视产品、商店、活动为流量入口，把圈层作为品牌渗透的主战场；四是会员是私域商业里最重要的资产，会员体系是商业组织的一个重要体系；五是让消费者参与创造、分享价值，再用分享经济和社群经济的订单倒逼大供应链能力的转型。

定位高端的 Cybex 成为好孩子品牌组合中的表率。在产品上，Cybex 推出智能婴儿车，引领母婴行业的科创方向；在渠道上，Cybex 在欧美开设全球旗舰店，展示全方位生活方案提供商的品牌形象；在营销上，Cybex 继续深耕其时尚 DNA，绑定越来越多的欧美上流社会家庭，并与超模 Karolina Kurkova 合作推出 KK 系列产品，让自带流量的明星用户参与设计和销售，打造粉丝经济。

与强势品牌 Cybex 相比，焕然一新的 gb 品牌则更多尝试销售模式的创新。2019 年，gb 在中国市场推出实体门店与社区电商相结合的"云门店"，突破了实体门店 2000 个品类的局限，云上销售 18000 多种自营商品。在研发设计上，除了全球研发中心之外，好孩子设计平台聚集数以百计的潮流设计师，以满足个性化和圈层化的多种消费需求。由中国品牌建设促进会主导的公益性品牌价值评价发布 2019 年中国品牌价值排行，gb 品牌以 139.91 亿元位列技术创新类品牌第三名。

O2O 生态

好孩子的电子商务始于 2010 年，至 2014 年，其线上销售占比为 28%，且持续增长。好孩子自 2014 年起真正实施 BOOM 战略，以自主品牌和联盟品牌为基础，通过好孩子专卖店、Mothercare 一站式购物中心、好孩子星站、好孩子 e 家及授权第三方线下零售商和线下经销商运营的门店，构建线上线下融合的零售服务网络，成为母婴生活服务的方案提供商。通过移动应用妈妈好，好孩子整合了零售、物流、客服等系统资源，实现全国商品、订单、支付、配送、服务、会员、营销一体化管理，创建用户生活的社区、会员创业的平台，聚集粉丝群，形成孕婴童生态圈。

妈妈好是好孩子投资的中国及跨境母婴 O2O 平台，现有 2857 家实体店和 841 个服务点，分布在 183 个中国城市 95 家海外母婴商品实体店。用户在"妈妈好"App 上购买商品，可以到附近门店自提或者由附近门店快速配送，并提供门店和服务点的本地化售后服务。

好孩子 e 家打通"妈妈好"App 与 POS、DRP、CRM、WMS 系统，也就意味着打通商品、订单、物流、支付、会员、服务和营销，实现全国"一盘货"。"妈妈好"App 也是一个社交平台，用户可以在此开辟育儿咨询专栏服务，或通过在微信朋友圈推广好孩子商品获利。

以消费者为中心、以门店为载体，好孩子建立了覆盖一到七级市场的深度分销体系，拥有集团专卖店 332 家、服务网点 320 家、县级特约服务店 850 家、三方协议店 2665 家、母婴连锁店 1720 家。好孩子专卖店、三方协议店、family by gb 三类品牌零售店交互定位、立体发展，打造了一个"互联网+"时代交互型、垂直化、整合型的 O2O+B2B 营销服务平台。

好孩子专卖店以 O2O+ 体验为核心，以用户为导向，实现品牌一体化管理，通过设置体验区、功能性产品、场景区，提升消费体验。好孩子专卖店覆盖全国，分布于城市核心百货商店和购物中心，涵盖好孩子品牌综合店（全品类经营）、好孩子童车专柜、好孩子用品专柜。

Mothercare 是英国母婴零售品牌，以"品类齐全、质量上乘、服务优良及创新产品"著称，能满足准妈妈和 0~8 岁婴幼儿一切所需。2007 年，好孩子与 Mothercare 设立合资公司，多年来已经在北京、上海、深圳、重庆、天津等 40 个城市开设了近百家一站式购物中心，是中国高端母婴消费群体的主要购物选择。

2013 年 7 月，好孩子开创了一种新型商务模式，成立运动品牌集合店好孩子星站。好孩子星站集合了包括 Nike、adidas、Under Armour、Puma、Skechers、New Balance、Convers、Reebok、The North Face、Columbia、Clarks、GEOX、Wilson 在内的世界前十三大运动品牌。从 2013 年 11 月开出第一家店发展至今，好孩子星站采用自营兼加盟的平台化发展模式，已在全国开店近 200 家，其中自营门店超过 100 家。

2015 年，好孩子携手孕婴童行业的品牌商、零售商、批发商，构建全新产业链，形成协同合作的利益共同体，通过全供应链的优化，创建好孩子 e 家体系，在全国实施网格化、封闭式的运营模式。好孩子 e 家与"妈妈好"云店融为一体，通过创设用户的区域归属制度，让实体店和电商平台分享用户红利，消除线上线下博弈，试图形成一致为用户服务的合力。

GB Plus 店主要面向高端消费群体，集合好孩子旗下包括 Cybex、gb 黑标白金线等多个源自欧洲本土的高端品牌，提供包括服饰、护理用品、家居及外出所需的各种育儿用品。GB Plus 旗舰店与一般儿童用品专柜相比，最大的不同是其按功能区分的用户体验区。

宋郑还认为，"经营品牌与用户的关系，核心是服务，是深度服务，是社交化运营，极致满足消费者需求，去创造各种场景化体验，展开各种丰富活动，用互动、链接、贴心的服务，去黏住粉丝。会员体系是构建私域流量的一个载体，也是现在传统企业和未来企业的一个分水岭。"

价值皈依

联合饼干公司集团 CEO 赫克特·莱恩爵士曾说：房屋久了会破败倒塌，机器用长了会磨损不堪，人老了会寿终西去，长盛不衰的唯有品牌。品牌的巨大作用体现在品牌能经久不衰，品牌能在逆境中生存，品牌能跨越文化，品牌能够跨越并占领市场，品牌能够凝聚人心，品牌本身就是利润增长点。联合国工业计划署曾调查发现，名牌在产品品牌中所占比例不到 3%，但名牌产品的市场占有率达到 40% 以上，销售额占到 50% 左右。

好孩子从独领风骚的第一代中国品牌商起步，为了实现"世界第一品牌"的梦想，从品牌低位重新出发，通过 2B 业务的企业品牌经营提升专业形象，通过并购和代理海外优势品牌搭建更加完整的品牌价值链，并务实前瞻地洞察了新消费趋势，及时调整、布局国内外分销和 O2O 零售网络，最终实现了品牌商、零售商和制造商三位一体的全能产业模式。好孩子的商业实践几乎完美地诠释了巴怀斯（Barwise）和罗伯逊（Robertson）关于品牌进入全球新市场的三个理论路径，即将公司现有的产品出口到新的市场，收购新市场的现有品牌，与其他公司建立某种形式的品牌联盟。其实，无论哪一条路径都有成本和风险。譬如，好孩子在出口新市场中遇到的品牌势能低不被成熟市场认可的问题，收购海外品牌成本高的问题，联盟品牌合作不确定因素多的问题。好孩子没有因为困难望而却步，而是凭着一股誓要改变命运的精神，摸着石头过河，走一步再走一步。宋郑还有一句座右铭，即"做好自己，连接世界"，堪称好孩子的创业哲学。正是做好自己的设计研发、生产制造和国内市场，才让好孩子有了连接世界的需求、可能及方向。宋郑还最重要的品牌思想可以归纳为以下两点。

一是在国际市场坐标轴中，坚持做"第一品牌"，多品牌协同，内外联动，全球化拓展，抢占发达国家制高点，在行业品牌集中度提升的过程中保持领先。"作为一个品牌来讲，没有强大的品牌力量，这个企业是走不长远的。做品牌要么做第一，如若做第二、第三，品牌定位不清晰的话，命运难测。这有点像日本的刺身，第一天第一份上市的是最高价格，到第二天这个时候买就一半价格都不值了。这个就是速度，因为它的品质和速度有关系。所以，现在有很多品牌就是占有市场的先机。一个是抢占时机，另一个就是它的品质，这两个加起来才能达到刺身的境界。"

二是视产品、服务、渠道一体化模式为承载品牌的强大动能。特别注意中国市场的特殊性，即品牌必须与零售相结合，形成一条龙经营。"我们要发现一个问题，今天商品过剩带来了消费者烦恼，消费者不知道选什么东西。到底由谁替消费者做审美判断、品质选择和服务评估呢？有一样东西——专业化、垂直型的精品优选品牌商店，即一个渠道品牌，一定会应运而生。现在各种商店开开关关，但是，凡是大家认同的、垂直型的精品优选品牌商店，一开就兴旺，宜家、优衣库、无印良品、名创优品就是很好的例子。做垂直品类优选精选的专家，代表消费者做选择，大家就会相信你。"

中国品牌的重塑和崛起之路有赖中国经济的整体向好及环境支持：一是中国营商环境的持续优化和基础设施的强大，包括互联网、人工智能、完备的制造业供应链等；二是新消费群体对中国文化和民族品牌的自信；三是"万众创新、大众创业"氛围驱动下的商业模式、产品和服务创新。这些因素不仅孕育了新国货，更让很多老牌国货枯木逢春，完成了品牌活化，如大白兔、波司登、李宁和安踏等，也为好孩子 gb 品牌成为国潮头部品牌创造了可能。

但好孩子真的准备好了吗？拥有金字塔型的自主品牌组合，拥有穿透七层人群的零售网络，拥有强大的生产制造供应链，就能确保好孩子品牌真正屹立于世界品牌之林吗？好孩子最核心的品牌资产到底是什么？

宋郑还有自己的答案："人总是要有点精神的。促使人进步的本质仍然是性格、经历、担当、情怀、修养和价值观。企业也是这样，维系一个有生命的实体永葆年轻、继往开来，唯有它的文化品格。厚德载物，自强不息，这也是 gb 品牌要彰显的内涵。

欧美学者对何谓品牌及如何品牌化有截然不同的观点。以凯勒为代表的美国学派，视品牌为独立于产品的附加价值，是基于消费者关系的资产，因此品牌化的核心是顾客联想和经济回报（资产）。而以卡普菲勒为代表的欧洲学派则认为，品牌是基于产品的一种社会文化身份认同，因此企业视角的品牌识别是品牌化的核心。

在 Interbrand 发布的全球最佳品牌百强排行榜（Global Best Brands Top100）中，全球9个最佳奢华品牌中，法国占了5个，这被学者认为是"欧洲品牌思想的胜利"。出于全球竞争的需要，欧洲品牌发展出三大类别，即奢华品牌、大众品牌和时尚品牌，奢华品牌作为欧洲贵族文化的产物，成为欧洲品牌的核心代表。

欧洲品牌学派有三点值得借鉴，即基于产品的品牌化战略、基于文化的品牌战略和品牌化的感性路径。作为全球制造大国，中国B2B品牌的创立，更加需要基于企业视角和基于产品的品牌化思想和战略。中国是一个文化源远流长的国家，基于文化的品牌思想、理论和品牌战略更加贴近中国品牌化之特征、优势和需要，所以应该大力吸收并创新欧洲立足于文化的品牌战略思想。世界已经进入数字化、智能化时代，欧洲的品牌思想强调更多运用感性路径是可取的、值得重视和进一步开发的品牌战略。

宋郑还一直念念不忘一位德国人给他敲过的警钟。20世纪90年代初，一名德国商人前来参观好孩子昆山工厂，临走留下一句话：童车不是这么生产的。童车应该怎么生产？带着这个问题，宋郑还走出国门四处取经，在日本见到阿普丽佳品牌创始人葛西健藏。宋郑还没有得到童车怎么生产制造的答案，倒是听他讲了不少如何关心儿童成长的话题。这让宋郑还陷入深思：好孩子的品牌内涵和品牌文化是什么？与消费者的关系是什么？与社会的关系又是什么？

好孩子在 2010 年提出"从摇篮到摇篮"的理念，是环保的至高理念，它不是减排和低碳，它是只做好事、不做坏事。无毒无害是基本要求，没有废弃物才能使地球生生不息，这是人类的共同愿望。"好孩子决心要做一个 C2C 企业，作为中国企业，好孩子拥有环保安全的最高理念，站在人类道德的制高点上去创立自己的品牌。我相信，对人类子孙后代负责任的品牌才是真正受全世界尊敬的，才能够长久经营发展下去。"但坚持这条路需要好孩子付出艰苦卓绝的努力，并影响整个行业持续向善。

第四章
信念共享的人才观

第四章　信念共享的人才观

好孩子正处于由传统制造业向移动互联网时代生态型企业转型升级的快车道中，宋郑还认为组织要从四个维度进行彻底变革以适应企业发展底层逻辑的转变：一是思维转变，从以品牌为中心向以用户为中心转变；二是动能转变，从资产经营向能力经营转变；三是模式转变，从经营产业链向经营平台转变；四是价值转变，从物理价值向社会价值转变。实现这四大转变的关键在于人。

作为一家跨国集团，好孩子的核心人才队伍呈飞机状：一翼是研发和设计人才，一翼是质量和供应链管理人才，机身是品牌与营销人才。"我是第一，因为我可以是第一"的奋斗争先文化则是内部引擎，驱动好孩子这架飞机朝着"关爱儿童、照顾家庭、回报社会"的使命愿景行进。好孩子进入欧美等成熟市场并与行业顶尖客户合作的国际化过程，是其提升两翼水平的过程。并购国际品牌之后在中国市场集中开展的数字化营销变革，是好孩子"机身"的一次重大蜕变，成功与否，将影响好孩子未来 10 年的行业地位走势。

好孩子自主培养了一批优秀的产品研发人才。婴童用品并非高精尖行业，但需要很强的消费洞察和产品创新能力，需要跨学科的整合能力。宋郑还喜欢与昆山研发总部的同事一起工作，自 1989 年创业以来，几乎每个周六他都和研发中心的同事一起加班。好孩子最多时在全球建有 10 个研发中心，这些研发中心成为好孩子收集全球潮流消费趋势的驿站。研发中心与当地最优秀的艺术家、设计师合作，为好孩子所用。

质量和供应链人才是好孩子作为全球婴童用品最大 OEM 厂商的基础，也是好孩子向平台型、生态型企业转型的核心竞争力之一。宋郑还认同互联网革命的"下半场是产业互联网的竞争"，他相信好孩子拥有国际领先的大供应链，足以连接起产业的上下游。

在并购 Cybex 和 Evenflo 之前，好孩子自主品牌已经通过成熟的分销模式成为中国市场的头部品牌。完成两起国际并购之后，加上好孩子商贸公司代理的十多个国际一线运动品牌，好孩子构建起覆盖线上线下多渠道、多消费层级的品牌金字塔，并在社交电商、数智化新零售领域做了积极的探索和布局。宋郑还将好孩子品牌战略的指挥刀授予 Cybex 创始人马丁，他希望好孩子的自主品牌都能像 Cybex 一样在国际市场和中国市场获得极高的品牌价值。

好孩子在刚刚成为中国童车市场第一的时候，就把目光放到全球市场。从最残酷的美国市场开始，继之以最高端的欧洲市场，好孩子以创新为武器、以合作为桥梁，一路披荆斩棘，1999 年成为美国婴儿车市场销量第一，2006 年成为欧洲婴儿车市场销量第一，成功占领发达国家的主流市场。与此同时，好孩子的产品还销往南美、中东、东北亚、东南亚等 70 多个国家和地区。好孩子在 10 年前就启动新兴市场战略，改变之前贸易型的经营模式，在新兴市场进行战略性布局，系统性规划和研究市场、建立机构、整合资源、拓展品牌。

综观好孩子 30 余年的人才发展历程，它并不是线性地从传统制造业人才向智能制造业人才转变的过程，亦不是传统专业细分的研发设计人才向跨学科的交互型研发设计人才转变的过程，更不是传统层级代理制零售人才向去中心化的社交零售人才转变的过程，而是这三条脉络交织纠缠，形成一张新旧错落的人才网，未必有清晰的螺旋式上升趋势，也未必有清晰的新旧交替的趋势。这也是很多中国头部行业冠军的人才写照。因此，在生产端，企业仍然在追求泰勒式的生产效率提升，希望人像机器一样精准、可靠，或者机器像人一样善于学习和判断。但在研发设计和品牌营销端，人才的主动性及由此表现出来的创造力成为人力资源管理的核心命题。

在一个快速迭代的时代，宋郑还认为合作很重要。他用开放性思维打造合作型组织，通过合作探索新的商业模式，视学习既为合作的动因，也为合作的目的。更重要的是，他坚信依赖合作则是缺乏合作能力的表现。因此，"做好自己，连接世界，赢得未来"成为他对富有竞争力的人才和组织的定义。

梳理好孩子创业 30 年的人力资源战略，宋郑还在人才吸引、提升决策质量和人才培养上倡导"合作共赢"。在人才吸引上，他主张以使命愿景吸引管理人才，在志同道合的前提下，实行利益共创共享。在提升决策质量上，他主张通过坚持创新、引领行业标准和主动承担社会责任来提升决策高度，坚持市场导向，参与国际合作，让听得见炮火的人做决定。在人才培养上，通过外部智囊合作、知识产权突破、空降兵的鲇鱼效应、注重研发人员培训和激励等方式，实现组织知识和技能的降维打击；通过品类探索、消费互联网与产业互联网的积极布局及生态平台企业的转型实现产品和服务的升维；通过阿米巴经营理念改造事业部和分公司，从组织内部探索"合作共赢"的人才激励模式。

美国心理学家 William 在 1998 年提出"灵性"（spiritual）概念，认为灵性是一种超越自身的过程体验。近年来，企业家的灵性资本（Spiritual Capital）被广泛讨论。灵性资本亦称信念资本，被认为是企业家从自身信仰中所获取对人生目的和意义、终极的使命感和核心价值观的感悟与认知，其内涵包括崇高使命感、核心价值观和终极人生观。有研究认为，企业家的灵性资本日益成为嵌入企业发展的确定性、增强组织韧性、加强危机管理、影响企业持续发展的关键因素[1]。宋郑还及其创业追随者、外部合作者在儿童用品行业中表现出来的价值取向，为灵性资本这个概念提供了生动的注脚。

坚毅信念

在创办好孩子的历程中，宋郑还不仅是一个掌舵者，更是一个擂鼓手。刚创业时，宋郑还就在公司小食堂的黑板上写下了这句话："我是第一，因为我可以是第一！"当时好孩子只有几十名员工，宋郑还说："记得员工的眼光，那是一种茫然的、无奈的眼光，木木地看着我，当时已经八个月没有发工资了。但是到1993年好孩子就是中国行业第一了。"八周年庆典时，宋郑还带领5000多名员工在阳光下宣誓"我们一定要做世界第一"。正是这样一个信念支撑着宋郑还和好孩子从来没有松懈过。

信念就是方向，就是凝聚人心的力量。在好孩子创业早期，宋郑还幸运地找到了富晶秋和曲南，三人自诩为"童车三剑客"。富晶秋协助宋郑还建起好孩子

---

[1] 顾建平,吴寒宵,单庚芝.呼唤企业家灵性资本:VUCA时代危机管理的核心[J].清华管理评论，2020（6）.

完善的全国经销商体系，曲南则协助宋郑还开拓出北美市场，迈开好孩子国际化的第一步，这两位迄今仍与宋郑还并肩作战。自好孩子 2010 年在中国香港上市迄今，又培育出"新三剑客"，他们是好孩子另外三位董事：CEO 马丁、COO 夏欣跃和 CFO 刘同友。这些专业人士成为宋郑还最核心的创业伙伴，凝聚这群人的是宋郑还儒雅外表下"携手仗剑天涯、成果共创分享"的创业思想。

曲南是宋郑还在 1994 年考察美国市场时旅游公司派遣的留学生翻译。经过几天的观察，宋郑还把曲南约到酒店，从傍晚促膝长谈到天亮，给曲南描绘了好孩子开拓欧美市场渐成世界第一的宏伟蓝图，邀请他成为创业合伙人。当时美国每年有 400 万新生儿，而中国童车年销量不足 50 万，美国的消费观念和消费水平远远领先中国。

在 30 多年共事过程中，曲南将宋郑还视同父亲，而宋郑还则把一番事业交给曲南，绝不仅仅是好孩子美国事务的代理人。好孩子开拓美国市场最终是一个成功的案例，但有两次失败的教训：一次是以自主品牌试水美国市场，因品牌缺乏知名度而不被市场认可；一次是以合资方式进入美国市场，因信任问题而以失败告终。曲南需要帮助好孩子在美国找到"真正能让我们拥有话语权的兄弟般的合作伙伴"。得知美国 TOP3 的儿童用品公司 Cosco 因为产品质量事件及价格缺乏竞争力等原因而宣布退出婴儿推车行业，曲南迅速发现并抓住这个千载难逢的机会，并用创新产品"爸爸摇、妈妈摇"打动 Cosco 后迅速决定在美国成立新合资公司。与此同时，好孩子不得不尽快结束原美国合资公司的业务，代价是全部商品和品牌归对方所有，并赔偿数十万美元的损失。与 Cosco 的合作是好孩子国际业务的奠基石，当时合作转换过程险象环生，曲南评价"宋总判断准确，处理方法、时间选择也十分精准,决策到位"。在美国业务开展过程中,宋郑还通过言传身教,悉心栽培曲南。"宋总超出常规的做法有种非凡的气质,他的商业思维和激情完全超出了美国人的想象。"曲南连连叹服,就连见多识广的资深行业人士、Cosco 总裁 Nick 都对宋郑还敬佩有加:"他不同于一般的企业领导人,有很多职业经理人所不具备的激情。"曲南回忆道:"宋总的出现带来的是一种完全清新的空气,他们没想到一个来自中国企业的经理人能有这么大的魄力。"很多美国企业领导人被宋郑还的人格魅力折服,这在行业成为最有效的通行证。

当创办不到 10 年的德国公司 Columbus 被好孩子收购后,捷克语版的《福布斯》杂志刊出对创始人马丁(Martin Pos)的专访,他毫不惜墨地称宋郑还为"行业里最伟大的人,几百万孩子使用他公司生产的汽车座,世界上每售出三辆婴儿手推车,就有一辆是他的公司制造的","他的公司"就是并购后一跃成为行业老大的好孩子集团。宋郑还和马丁商议,任命他为行政副总裁,并授予他 10% 的股份,负责全球战略及品牌发展事务。

捷克移民后代马丁在德国白手起家,他创办的企业被称为行业黑马,Cybex 品牌以专业和豪华著称,拥有一批欧美名流粉丝级用户。马丁视 Cybex 品牌为终生的事业,希望把 Cybex 品牌做得更大。马丁认识宋郑还有 10 年,并拜他为导师,称他为"我们这个行业里最成功、最受人尊敬的人"。好孩子曾是马丁的供应商,差了整整一辈的两位儿童用品创始人惺惺相惜,对很多问题有出奇一致的想法。马丁说:"从一开始我就与宋先生在精神上是同一频率的,有一点的确让我很惊讶,我们来自完全不同的两种文化,年龄差别也很大,但我们有相似的价值观,我们看待事情的方式是一样的。就个人私交来说,我们相处得非常好。好孩子是一家很大的公司，是个巨人，但我也知道它的领导人很聪明，有雄心壮志，是个谦逊的人，你能够与之进行交流沟通。"

Columbus 和好孩子是两个从完全不同的方向发展而来的公司。2005 年，马丁和一群朝气蓬勃的德国年轻人聚在一起，决定在儿童用品行业大展拳脚。在这群年轻人眼里，彼时的婴童行业不乏知名企业和品牌，但他们认为市场上的产品千篇一律，大多只注重功能设计，缺乏时尚元素，忽视了新一代婴童产品的消费主体——年轻妈妈们追求时尚的需求。马丁决定融合科技与时尚为儿童用品行业注入新的可能。这群年轻人的事业却在一开始遭到了同行的蔑视，他们在寻求合作机会时屡遭拒绝，理由是"你们太年轻，没钱没经验，所以我们没法信任你们"。马丁并没有认输，而是变得更加坚定。几年后，马丁组建了一支聚集汽车界、时尚界、婴童界的优秀团队，打造出 Cybex 品牌，荣获儿童用品行业设计领域超过 200 个不同的奖项，成为媒体争相报道的宠儿，亦成为一匹前途无量的行业黑马。Cybex 品牌被赋予了安全、时尚和科技感于一体的品牌形象，逐步向推车、背带等产品延伸，建构起一系列有统一品牌认知度的产品组合。

从设计到品牌，Cybex 实现了飞跃式发展。并购之前，Columbus 公司有 150 名雇员和 4 个工厂，随着公司不断成长，马丁越来越意识到需要做出改变，因此买下更多工厂以便完全掌控所有的技术和生产。有不少公司想要买下 Columbus，包括好孩子。"2014 年与好孩子的合作是 Cybex 未来 10 年的新开始，这是一次 1+1=11，而不是 1+1=2 的合作。"马丁认为 Cybex 和好孩子的结合是完美的零重合："宋先生建立了儿童用品行业最大的制造基地，拥有各种各样先进的制造技术，为下一步的发展做了巨额投资，但在品牌建设上有缺位——他为其他品牌制造产品，最终也成了我们的一个供应商。我们有伟大的产品设计、全世界安全测试机构颁发的认证和奖项、很好的品牌口碑，但我们的销售渠道有问题，生产能力也比较受局限。"

马丁认为此次被好孩子收购更像是与宋郑还联合创立了一家新公司，让他最终下此决定有三个重要的原因，除了好孩子拥有世界最大的工厂及中国最大的销售网络之外，马丁更加看重的是好孩子尊重、平等能够激发员工创造力的文化："在怎样领导一家公司上，我们有共同的价值梯度。我们在公司里完全平等，我们的职位是一样的。我们在功能上的确有分级，但在社会关系里完全看不出来。在这张社会关系网里，无论你是工厂里的缝纫工，还是维护工程师或者经理，作为人来说完全没有什么不同。每个人都有自己的功能，这对公司运营来说是最为重要的事。每个人都有自己的职责。我尊重每一个员工，支持幻想、鼓励创新，如果有人证明他或她能做某些事，他们就能获得机会去展示这一点。我确信，每一个人都很重要，这一点是公司前进的最大动力。"

宋郑还则从Cybex的创业故事中看到了跨界的力量，不仅是知识的跨界，更是人才的跨界。宋郑还一直缺少一位能带领好孩子品牌完成国际化、年轻化、时尚化的营销人才。2016年，宋郑还将自己担任的CEO职位让给Cybex品牌创始人马丁，并将集团的品牌战略托付马丁。

"21世纪要想生存，唯一的机会是把自我放在一边，把自己拥有的最好的东西与其他人最好的东西结合在一起"，这是宋郑还选择事业合伙人的基本思想。他还提出了人才"五力模型"，即：信念、奋斗，拥有意志的力量；发展、危机，永葆创新的力量；目标、效率，拥抱规则的力量；导向、坚守，展现价值观的力量；

反思、探索，建设批判的力量。在曲南、马丁、刘同友、夏欣跃四位好孩子的执行董事身上都不难识别这些力量。

决策法宝

优秀的人才聚在一起，有时候是"灾难"。宋郑还不希望这种事情发生，他通过保持决策高度、坚持市场导向和让听得见炮火的人做决定这"三个法宝"提升组织决策质量。

・引领行业标准和提高企业的社会责任以保持决策高度

保持创新是好孩子的创业基因，引领行业标准是好孩子的自我要求，而承担企业的社会责任则是宋郑还发现的基业长青的不二法门，也正是通过实践创新力、标准力和社会责任，让好孩子始终保持决策高度。

好孩子擅长整合各行业力量，持续引进跨行业的尖端技术。比如安全座椅，好孩子将航天器返回舱的蜂窝铝应用于产品，当发生碰撞时，可以有效吸能减震，大幅降低人体所受的冲击力。这一创新使儿童安全座椅的安全性能标准从行业规定的时速 50 千米提升到 80 千米。相当于保护儿童从 3 楼坠落提升到从 8 楼坠落依然安全。这一创新花费了 4 年时间，投入 6 亿多元，引入汽车行业多项专业技术，经过 12 万次实验室撞击测试。为实测高速安全座椅的性能，好孩子进行了时速达 94.7 千米的真车实撞。结果显示，对儿童胸部造成的压力仅为国际标准规定的一半。

好孩子坚持以高于国际标准来检测产品。任何一款好孩子产品在投产前都要通过上百道相当严苛的测试关，测试标准普遍是国标的四倍、欧标的两倍。好孩子产品出口海外 20 多年，迄今没有发生过一起儿童安全座椅召回事件。好孩子为树立更高的品牌标准，挑战时速 90 千米的儿童安全座椅撞击测试，目前国内国外都没有相应的检测线，好孩子自建时速 90 千米的检测线。

好孩子中心实验室被认定为国家级企业实验室，获得美国消费品安全委员会（CPSC）认可，被瑞士通用公证行（SGS）和德国技术监督协会（TUV）视为官方实验室。德国、美国、日本的相关部门均邀请好孩子帮助制定或修订行业标准。好孩子集团成为 ISO 标准起草的秘书单位。

行业标准不仅事关企业发展，更牵涉到区域产业的国际地位。国际标准化组织涉及两万多个大标准，中国企业的参与不足 1%。好孩子在儿童推车和安全座椅等产品研发和生产上坚持更高的国际标准，其旗下检测机构亿科逐渐发展成为行业权威的标准检测机构，成为集团的核心竞争力之一。

在中国冠军、世界隐形冠军至世界冠军的成长之路上，宋郑还追求的不仅仅是商业成功："办企业的一个境界应该是与社会、家庭、伦理、文化紧密结合。企业是要赚钱的，但不光是赚钱。企业引以为荣的最大财富应该是所践行的社会公益事业，我希望好孩子也能够有被消费者认同的社会价值。"宋郑还两次修改好孩子的愿景，最终确定为"关照孩子、服务家庭、回报社会"。2010 年 7 月 22 日，好孩子新品牌标识在中国香港举办发布会，宋郑还宣布与德国化学家、"从摇篮到摇篮"理念的发现者迈克尔·布朗加特教授合作，与他创办的环保促进机构（EPEA）一道，建立从产品出发、覆盖整个价值链的创新合作伙伴关系。

"从摇篮到摇篮"是比"不作恶"更加积极的环保设计思想。宋郑还非常认同布朗加特的理念，即所有的产品在设计之初都应该考虑到与环境的相容性及平级甚至升级的回收利用，也就是产品设计是循环的、生生不息的，以减轻地球的负担。

好孩子荷兰设计中心成为"从摇篮到摇篮"理念的"布道者"。"在经济活动日益全球化的过程中，每个国家都在寻找自己在全球新经济中的定位，都想要将自己的强项充分地展示出来，也就是要在新的经济发展当中更好地发挥自己的强项，从而争取到自己的地位。中国一直被冠以'世界工厂'之名，在便宜的劳动力支撑下，中国制造的产品遍及全球，现在中国在转型升级，力争改变过去经济增长的模式，不想也不能再以低廉的劳动力作为经济增长的支撑。"宋郑还看到荷兰政府也在做着同样的努力，知识、技术和人才是其经济发展的优势。荷兰政府非常看重C2C在婴幼儿产业上的应用，认为这将带动整条经济链的发展。

一方面，好孩子在思考如何运用荷兰国家的优势条件实现好孩子的全球战略；另一方面，好孩子也在积极地寻找或者调整自己的发展理念，以期在保护地球上跟上欧洲的步伐。"过去，好孩子将自己的价值定位在源源不断的创新上。当然，创新是我们永远都要秉承的发展方向。但这不足以让好孩子走在时尚之都欧洲的前列。要想占领制高点，使好孩子真正成为全球消费者喜欢的品牌，就必须给好孩子品牌注入新的内涵，完成一次新的跨越，而环保就是未来产业的发展方向。"宋郑还又一次高瞻远瞩地看到了中国企业的发展机遇，他认为中国企业应该勇敢迎接这一挑战。

C2C概念在好孩子的实践过程中出现了两种看法：一种觉得很简单，认为只要花上一两年时间研发出一两个系列的产品，就能领先行业。另一种认为这个理念不切实际，时机并不成熟，花费大量资金投入其中，得不偿失。在参与世博会荷兰馆活动期间，宋郑还要求好孩子重新研究认识 C2C 概念，并最终决定在昆山总部设立专门组织，将研发、工程、品质和市场推广的人员纳入 C2C 团队，探索好孩子新的商业模式和发展轨道。宋郑还聘请布朗加特为好孩子顾问，邀请其创立的国际环境研究公司（EPEA）参与好孩子 C2C 项目运作中，协助好孩子的产品设计与研发。EPEA 专家对好孩子公司高层、海内外设计师等超过 160 名员工进行了 C2C 专业培训，斥巨资筹建了 C2C 实验室，制订了环境保护和供应链管理的 C2C 项目计划，并着手于产品回收再利用体系的建立和新型环保材料的研发。

好孩子研发制作出十几款 EQO 产品，该系列产品采用易拆解的智慧设计，使用可再生和循环的材质，其成本比普通产品约高出 20%。在 2011 年上海 CMBE 孕婴童展发布会上，迈克尔·布朗加特教授为好孩子的 EQO 产品颁发了 C2C 银级认证书，好孩子是中国首家获得 C2C 认证产品的婴童企业。

"我们立志转型，向世界级企业迈进：一要有世界级的规模，二要在世界上占领导地位。唯有规模大、具有影响力、承担社会责任及占领道德高地的企业才称得上世界级公司。"宋郑还发现经过这几年的实践，好孩子员工和骨干的思想发生了转变，"他们理念的提高远超过我的预期"。

· 以研发和销售网络为主坚持市场导向

作为中国婴童耐用品的早期进入者，好孩子经历过一骑绝尘的好时代，很早就意识到必须参与到国际品牌竞争中。在开拓国际市场并试图打造自主国际品牌的过程中，好孩子凭借其研发设计、生产制造和零售渠道"三足鼎立"的策略，与国际品牌开展了别具一格的 OPM 代工和品牌销售代理模式，使好孩子在 2008

年国际金融危机之前的很长一段时间里获得了国际贸易业务的稳定增长和可观利润。而最为特殊的是，好孩子并没有浪费"为他人作嫁衣"的机会，在获取商业成功的同时，始终坚持市场导向和用户洞察。一方面，这自然有利于好孩子更好地服务品牌客户，好孩子不仅仅是儿童推车和安全座椅的"世界工厂"，更是解决方案提供商，能履约"交钥匙"工程，成为行业里最值得信任的伙伴；另一方面，正是通过好孩子自主品牌在中国市场的分销系统，以及好孩子分布在世界各大主流市场的设计中心，关于市场和消费者的知识像血液一样流动在好孩子的组织肌体中，避免好孩子沦为国际贸易的"工具"，相反，他们时刻觉醒着，在面对诸如社交电商和粉丝经济等市场变化时能迅速应变、科学决策。

宋郑还坚持做市场上没有的产品，这就意味着必须对市场有深刻的认知和洞察。在争做中国市场冠军时期，宋郑还通过遍布全国的 30 几家分公司之眼号脉市场。

好孩子凭借批销会、分省会等集中订货的模式打开了天地，创造了中国母婴用品行业的第一品牌。随着市场的变化，"渠道为王"的内涵发生了深刻的变化，渠道不断缩短，终端的重要性日益凸显。尽管全国批销会的订货量仍然在逐年增长，但经销商拿到货之后如何减少库存，就不仅仅是经销商的事情。一旦产品积压，最终影响的还是好孩子的品牌价值。

从传统分销思维向营销思维转变，好孩子设计了变革三部曲，这三部曲亦充分体现了好孩子"利益相关者价值共创"的人才观。

第一步，举办线下客户培训营销会，好孩子提供会议组织、客户培训、产品政策，帮助经销商疏通下游渠道，缓解库存压力，把货分到终端去。

第二步，全年举办 500 场营销活动帮助终端的母婴店卖货。好孩子制订专业的营销方案，提供充足的物料和费用支持，组织专业的团队现场实施。

第三步，在全国35个分公司下再设立240多个区域营销中心，实现网格化营销管理，既不与经销商争利，又能实现对终端的掌控。中心与分公司共享财务、仓库等部门，在减少成本的同时，能够通过专业团队集中力量帮助终端整改市场、培训人员、做好服务。

在成功收购美、德两大儿童安全座椅大牌后，好孩子的全球研发中心增长为八个，它们成为好孩子产品研发的前哨。八大研发中心分布在美国的波士顿、德国的纽伦堡、奥地利的维也纳、法国的巴黎、荷兰的乌特勒支、日本的东京等地。集团副总裁贺新军这样表述海外研发中心的定位：海外研发中心的建立延伸了我们的触角，使我们更贴近市场和消费者，也更贴近我们的海外客户。无论是从消费者，还是终端市场，或是客户方面，甚至竞争对手处得到的所有咨询，都将可能成为我们下一个新产品"创意"的来源。

好孩子的各研发中心拥有不同领域、具有成功产品设计经验的专业人才近500名，广泛开展与国内外相关机构、全球顶尖儿童用品公司的联合研发，使公司在产品研发中能够有效关注不同区域的文化和顾客的潜在需求，通过技术整合提供满足市场的产品与服务整合方案。例如，美国波士顿研发中心的专业人员拥有汽车、玩具、高科技电子产品及医疗器械等多个行业的知识与经验，为产品设计概念输入了崭新视角，使产品设计充满新意。日本东京研发中心的总经理土肥正俊先生作为日本婴幼儿用品领域的资深专家，其擅长儿童行为学、心理学、人体工学等学科的研究与实际应用。荷兰阿姆斯特丹研发中心的总经理迪克·昆特（Dick Quint）拥有30多年的品牌经营、市场开发及产品设计经验，是欧洲业界知名的儿童用品及市场专家,由其带领的团队吸纳了市场研究、时尚配色、外观设计、工程结构等众多领域的高端设计人才。

好孩子内部刊物《今日好孩子》的第一个栏目是"瞭望",简短一页内容,收集了与儿童用品相关的全球重要资讯,以2009年的7月刊为例,摘抄部分内容如下:

6月4日,据WTO检验检疫信息网消息,欧洲议会通过《欧盟木材及木制品规例》,这意味着对相关木制产品进入欧盟设置了一道绿色壁垒。新规例试图消除非法伐取木材及木材产品流入欧盟的风险,要求供应链上所有营运商分担责任。

美国玩具业协会最近推出了玩具安全认证计划第一阶段,涵盖风险分析程序及审核机制、制造过程控制审核机制。据悉,玩具安全认证计划的构思始于2007年8月,旨在通过巩固风险分析、测试及检查制度,防止危险玩具流入美国市场。计划首阶段自2009年2月起实施,并推出了电子认证系统。

6月20日,日本自行车产业振兴协会正式发布以下三项JIS标准(修订):JSI 9412(自行车把)、JSI 942(自行车轮辋)和JSID 9456(自行车锁)。自今年7月1日起,日本除山形、熊本、大分等地外,绝大部分都道府县都开始允许骑自行车带两个不满6岁的小孩。这种自行车在车的前后部各设有儿童座椅,并必须达到相关的安全标准要求。

韩国技术与标准局(KATS)发布了G/TBT/N/KOR/216号通报,涉及婴儿车、婴儿学步车。韩国技术与标准局拟向属于自我安全声明的婴儿车和婴儿学步车安全标准中增加最新要求,婴儿可接触表面的邻苯二甲酸酯增塑剂(DEHP、DBP、BBP)应低于0.1%。该标准修订提案拟批准日期:2009年7月或之后。拟生效日期:

2010年1月或之后。

印度商工部外贸总局6月16日发布第113号公告,决定对所有进口玩具实施统一标准,从而结束了长达近5个月针对中国玩具的歧视性进口禁令。公告规定:自即日起至2010年1月23日,玩具产品必须具有符合美国玩具安全标准或ISO 8124、IS 9873、EN 71标准的证书,以及生产商提供的证明抽检样品已经被权威部门认可的独立实验室检验符合上述标准的证书,才能进口至印度市场。

6月25日,新西兰政府发布《2009年不安全产品通知》,宣布禁止某些儿童玩具中可接触到的部件中铅迁移水平大于90毫克/千克,其测试步骤和结果解释需参照澳大利亚/新西兰标准《玩具安全,第3部分:某些元素的迁移》。该通知即日起生效。澳大利亚政府最近也发布了一项类似禁令,其测试步骤和结果解释依据也与上同。

全球市场的情报经过分析后成为设计中心研发新产品的依据。日本福岛核电站泄漏后,好孩子迅速研发了婴儿车防辐射罩;雾霾时,好孩子研发了防雾霾婴儿车清风宝。家长希望孩子坐在婴儿车里可以听故事,好孩子发明了蓝牙连接互联网的移动音乐厅益智婴儿车。

宋郑还希望这些研究中心成为"独立的细胞":"海外研发中心可以利用当地的设计能源,加上知识库集合起来的团队,通过自己经营发挥它最大的能量,最后实现自经营、自组织。我们的海外研发机构是好孩子自己的,不服务于其他公司,设立目的不单纯为了海外的设计,而是为了研究,是对当地文化的研究,最终通过产品的设计表现出来。纯粹的设计花一点钱就可以买到很多,但是这并不长久。""研究"仅仅是一个点,好孩子需要连接整条线甚至整个面,最大限度地做好消费者调查，弄清楚哪些符合当地的消费品位和消费文化，而不只是把当地元素硬加到产品上。

2012年，宋郑还提出"BOOM"概念之后并没有被很好执行，直至2018年。好孩子失去的六年是中国市场从互联网的PC时代进化到移动时代的六年，互联网平台的涌现和集聚，彻底改变了中国品牌的营销环境。好孩子在这六年期间创办了好孩子母婴网站和"妈妈好"电商平台，将其代理的国际品牌以实体零售品牌"好孩子星站"进行整合，拓展了更多线上线下的渠道，同时开展了集团的信息化、数字化转型升级。这些努力为好孩子最终执行BOOM战略奠定了基础。

"企业的竞争力体现在市场上，决定命运的永远是市场。"宋郑还亟需一批能与他站在同一条战略水平线上知行合一的人才。在好孩子最近几年的员工大会上，宋郑还分享最多的是用户洞察。他呼吁管理层和普通员工关注年轻化、主权化的消费者，关注"粉丝经济""单品爆款""社群营销""私域流量""国潮崛起""科技含量""直播带货"等商业现象。同时，他认为，5G、人工智能、大数据和移动互联网等新的技术革命带来的商业模式变革，对好孩子这样的行业领军企业而言，机会大于挑战。他希望好孩子紧紧抓住行业格局重塑的窗口期："消费者变了，我们不能停留在原地。好孩子中国公司自改革战略落地开始，在惯性的羁绊中艰苦地向前迈进，我们看到这个改革已经展露了新机。如果我们不能继续深化改革，去实现颠覆性的蜕变，我们就无法把损失的时间夺回来，我们将错失一个王者的时代，我们要蜕变，我们要重构，要走上时代的前台。"

· 让听得见炮火的人做决定

美国物理学家杰弗里·韦斯特（Geoffrey West）提出"规模法则"，在其科普著作《规模》一书中阐明了从生命体到城市、从经济体到公司的生长与衰败都离不开其自身规模的制约，并与其规模呈一定比例关系，遵守统一的公式。企业的生长极限是多少年？基业长青是否只是一个美好的愿望？为何现如今企业的平均寿命仅有 10.5 年？当企业规模变大之后，风险控制往往成为至高无上的决策依据，组织流程看起来严谨、科学，部门之间坚壁清野，信息被人为屏蔽或错误加工，专业人才具备的知识成为解读信息的顽固障碍，这些导致决策效率低下、决策精准度降低的因素并不能依靠技术进步获得解决。由此，综观世界上的伟大企业，其发展历程都有一个共同点：把小企业做大，再把大企业做"小"。宋郑还的做法是改造分公司，让听得见炮火的人做决定。

商场如战场。企业的资源配置也应该围绕商业目的进行，因此，企业内部的关系应该是市场关系的反映，以市场为导向，建立符合市场需求的组织，制定符合市场需求的流程，让洞悉市场需求的人才做决策。

分公司及其销售人员是好孩子的作战前线。在好孩子 21 周年年会上，宋郑还提出了打造"新一代分公司"的思路，并对掌管 5000 多名销售军团的分公司管理者提出了六条企业家考核标准。

第一条，企业家精神。如果你一天到晚只关注眼前利益，不懂得投资未来；如果你没有战略思想，没有魄力；如果你只会跟着别人走，没有创业精神；如果你只会管理现成的业务，不具备开创性……这样的话，你就没有企业家精神。相反，如果这些方面做得越好，你的企业家精神层次越高。

第二条，战略的决策理论。从市场上争取的每一单生意都是有困难的，没有现成的馅饼等着我们，那我们首先要做出正确的决策，市场上有各种各样的问题随时考验着我们每一个人、每一个业务单位。

第三条,行业内的影响。我们不能孤芳自赏,光看到自己一年又一年的成长与进步,我们要把自己放在市场里,跟同行业的公司相比较,这样才能更加清晰地认识到自己所处的地位。

第四条,创新能力。这里的创新不仅是研发中心的创新能力,还要设计组织建设创新、生产技术创新、发展能力创新等,这些都是非常实质性的企业家应具备的素质。

第五条,组织能力。很多人只会自己做事,自己处理事务是一把好手,但不懂得如何管理团队,将团队的集体能量发挥到极致,这才能体现组织能力的高低。

第六条,财务表现。检查公司运营的资金链是否健康。

好孩子针对"新一代分公司"的规划和要求配置专职团队,全面展开调查摸底、研究政策,用帮扶、指导、促进、调整相结合的方式,提升员工的素质和能力。以深圳、广州分公司为代表的35家分公司刮起变革旋风。

好孩子给予新一代分公司六项特殊政策:一是拥有全面负责各项业务经营的权力;二是拥有全面部署管理经销商的权力;三是拥有独立制订营销策略的权力;四是拥有道具形象投放的自主权;五是公司的各项资源投入向该区域倾斜;六是给予创建支持费10万元。

好孩子有超过20000名员工。在集团层面,曾经一度按照职位分成15个层级,有严格的汇报机制,对沟通连接和决策效率都提出了很大挑战,再加上跨国人才的文化融合问题,庞大的好孩子组织内部难免会形成互相抵触的暗流。宋郑还决定组织员工观看以海尔集团首席执行官张瑞敏为原型创作的电影《首席执行官》,

讨论好孩子事业部的管理问题。

好孩子在中国市场逐步设立了多个事业部，各事业部采取"直线职能制"，有各自独立的产品或市场，在经营管理上有很强的自主性，实行独立核算。这种各修其道、各行其是的管理原则使各事业部能充分挖掘潜力。各事业部的销售自成体系，但策划、售后及平台互享这种结合方式保证了各事业部在面对市场时的灵活性。

营运管理中心是中国市场的重要支持部门之一，它将分公司和事业部联系在一起，是市场的桥梁与纽带。中心与各事业部共同确定中国市场的销售策略、市场规划，并负责销售促进、物流、形象道具、数据分析、票务处理等市场支持工作。

1994年，好孩子实施信息化管理。当时全公司只有几台电脑，仍专门引进了一套MIS系统，为解决成品进销存管理和总公司、分公司销售管理的数字化难题，在1996年和1998年先后成功开发了基于Foxpro软件的成品仓库管理系统、销售管理系统和分公司进销存管理系统。

随着信息化的重要性与日俱增，资讯技术中心于2000年应运而生，针对各销售事业部特点开发并实施了DRP、ERP、POS、WMS等信息管理系统，使公司、分公司、专卖店之间的信息传输畅通无阻。在好孩子中国市场营运管理中心的任何一台电脑上，都可以搜索到产品任何一级的库存数量、销售数量和销售分析报告，这为总公司决策提供了可靠的依据，降低了风险。同时，使网络销售、目录销售和实体店销售数据实现了"三合一"，规范了从总公司到分公司/合作伙伴、专柜/专卖店的经营行为，提升了全国分销网络的效率。

随着线上线下全渠道零售时代的到来，好孩子正在建设更加强大的中台系统，以支持云店和实体店的实时数据处理。

人才高配

知识基础论（KBV）的提出者彭罗斯认为："没有任何理由假设新的知识和服务将仅对企业的现有产品有所裨益；相反，它们能够为企业提供一种将使其在某个完全崭新的领域获得某种优势的基础。"用"汽车业的技术、电子业的知识、航天业的精神"做好儿童用品事业是宋郑还的知识基础论，也是他对好孩子的要求。

好孩子的人才跨越国界，跨越技术、制造、设计、物流、育婴等广泛领域。通过对外聘请专家顾问和管理空降兵、对内进行持续的知识产权管理和员工培训，好孩子实现了知识和技能的不断提高，从而实现针对行业竞争的降维攻击优势。在好孩子的内部期刊中，功臣榜是一个非常引人注目的栏目，以其中一期上榜人物为例，即可窥探出宋郑还兼容并包、海纳百川的人才观。

叶苗龙：他是好孩子研发中心的第一代负责人。1996年，他凭借差异化的创新设计了"爸爸摇、妈妈摇"儿童推车，撬开了美国市场。2009年，他推出结合经典摇篮式功能与现代时尚元素的A2009款，为好孩子成立20周年献礼，这款产品获得2012年首届中国优秀工业设计金奖。

君岛：日本研发中心首席设计师。好孩子获得2013德国"红点"奖的Beaula以时尚先锋的姿态彻底征服日本消费者，中国品牌赢得了全球最为挑剔的日本市场。在当年好孩子"一亿辆，新起点"发布仪式上，发布的正是君岛设计的当时在全球最轻的婴儿车"蜂鸟"。

周爱国：好孩子铝合金厂厂长。他是好孩子用航天业的技术做儿童产品的行动者，他带领团队研发的新型合金材料用在了东风-21导弹和北斗卫星上。正是应用了这种材料，好孩子推出了当时全球最轻的婴儿车"蜂鸟"，整车仅重3.5千克。

颜崇淮：上海交通大学附属新华医院主任医师、儿童铅中毒防治领域的权威专家。他是好孩子网站1700余位驻站专家的杰出代表，为无数家庭在线提供婴幼儿培育指导。好孩子网成为中国育儿家庭值得信赖的网站。

傅月明：好孩子"电动车之父"、集团设计总监，他原创的两款产品分别在2010年和2011年获得德国"红点"奖。他是好孩子设计师的精神导师。

张本金：他是好孩子渠道下沉的深度分销和线上线下相结合的电子商务的实践模范，10年间他的经营规模扩大了30多倍，是好孩子首届gb20全球峰会唯一的"战略智囊贡献奖"获得者。

朱万蓉：好孩子制造体系的员工代表。她从普通员工成长为班组长，带出了几十名"多快好省"的多能工，是好孩子"有技术、有能力、有头脑、有干劲"的"四有"员工代表，是好孩子人性化管理在基层落实的执行人，她率领的产线创造了绩效连续最优的纪录。

Greg Mansker：好孩子国际市场CEO。他领导好孩子在美国连续14年保持第一，在欧洲连续7年保持第一。

宋郑还善于与美国、日本、德国的科学家共事，形成全球行业领先的基础理论脉络和前沿技术应用方面的人才储备：好孩子全球研发中心技术总监菲利普

（Phillip Przybylo）博士是美国的儿童安全出行专家，在福特工作了 20 多年，一直和 NGO 机构合作，主要职责是对消费产品使用的安全性制定标准和法规并监督执行；福田亚弘博士是日本国家碰撞测试标准的制定者；Franz Peleska 是欧洲首个独立儿童汽车安全座检查和星级评定机构技术负责人，欧洲儿童汽车安全座测试及安全法规制定参与者之一；谭建荣为中国工程院院士、机械工程与人工智能专家，主要从事机械设计及理论、计算机辅助设计与图形学、数字化设计与制造等领域的研究。宋郑还邀请谭建荣担任好孩子集团首席科学家，在好孩子设立院士工作站，推进智能科技产品和全方位科技服务的实现。

好孩子与苏州大学开展合作，利用苏州本土的优质高校人才、技术资源，建立与好孩子技术方向紧密相连、深度合作的创新模式。当前，与苏州大学的产学研合作重点聚焦于婴儿车 CAE 仿真平台的构建，将安全座椅领域的 CAE 能力拓展复制到婴儿车领域，提升设计效率。

2019 年，好孩子与清陶新能源发展有限公司（中国科学院院士、清华大学材料科学与工程研究院院长南策文教授在昆山落地的创新项目）共同出资组建苏州市好孩子清陶科技服务有限公司，整合其在固态锂电池领域的领先优势，以及好孩子品牌与渠道优势，将固态锂电技术应用在好孩子儿童运动产品领域。之后，好孩子又加入 Seamless 联合创新实验室，以此延伸研发触角，拓展研发视野，面向全球进行新技术资源搜寻与发展应用。

通过好孩子海外设计中心培养和发展海外合作点，利用更丰富的设计资源，是好孩子另一条增加外部智力的策略，宋郑还认为，"外援会带来不一样的创意，并且有助于产品延伸"。

进入 21 世纪后，随着好孩子国际业务的拓展，公司规模飞速增长，亟需管理人才，完全依靠内部提拔已经跟不上公司的发展速度。从 2001 年开始，好孩子开始在国际上网罗各类优秀人才，不分国籍，不分行业。好孩子在欧美等地成立销售分公司，人员多为本土行业资深前辈。美国分公司的 CEO 曾是 Chicco 美国公司的 CEO，也曾是第一大竞争对手 Wonderland 的全球 CEO，旗下人员多为业务资深人士，都曾就职于或 Graco 或 Wonderland 或 Chicco 等；欧洲分公司的总经理原为 Qinny 品牌的联合创始人之一；日本分公司的总经理曾就职于日本第一大品牌 Combi。当然，除了销售分公司，在昆山总部的研发人员也是行业翘楚，除了公司培养的人才之外，也吸引了一批源自海尔、飞利浦、美的的人才。"刚开始，空降兵很难'成活'，不适应好孩子的工作模式。最近几年空降兵'成活率'变高了，与好孩子的文化融为一体，他们把在好孩子的工作当作自己的事业，用追求事业的精神要求自己的工作。"宋郑还会在集团年会上鼓励空降兵融入好孩子。

2014 年完成两大收购后，好孩子经历了一段很痛苦的组织整合期。"全球化最大的挑战是对资源的运用和对组织架构的整合，能不能用好外国团队很关键。"宋郑还在摸索中总结出一条经验：用战略统领各方，在统一战略下，让各方发挥长项。以前的好孩子是做产品全球卖，现在是在全球市场经营自己的品牌，以此为龙头牵动，让所有资源舞起来。在这一指导思想下，德国成为好孩子集团的品牌管理中心和技术经营中心，昆山总部成为供应链管理中心，分布在美洲、欧洲和亚洲的区域业务中心因而随之建立起来。

在市场占有率方面和组织文化融合方面，好孩子国际都取得硕果。而好孩子中国则因管理人才的频频变动而痛失时机，从 2012 年至 2018 年，这是好孩子集团从传统制造企业向互联网科技公司转型升级的大好窗口期。

这期间的五任总裁都是空降兵,他们都有显赫的跨行业背景、高超的专业技能和丰富的管理经验,但没有人能够将宋郑还提出的 BOOM 战略落地。究其离职原因各有不同,但总体难逃空降兵的魔咒。空降兵在进入新的工作环境后,往往会面临文化冲突、人际交往、资源支持等各方面的问题,在上任后需要一个过程逐渐从"外部人"身份转换为"内部人"[①]。由于集团正处于变革期,空降兵自身的不确定性与集团的不确定性相碰撞之后,产生了极不稳定的状态。在处理人的问题上,宋郑还绝不是一个拖泥带水的人,相反,他喜欢快刀斩乱麻。插播一个宋郑还以副校长身份被迫创业初期的故事,由此可见一斑。

工人们质疑宋校长的专业性,宋郑还却给工人们做起了算术题:"我不是一个 100 分的厂长,但是我保证做一个 60 分及格的厂长,如果我的决定能 100% 得到执行,那我们这个厂就是 60 分;就算我是一个 100 分的厂长,如果只有 60% 的决定被执行,那也是 60 分。"宋郑还认为一个工厂要有权威、有规矩才能成功,昔日温文尔雅的数学教师变成杀伐果断的工厂管理者:"谁要头上长角我就把这个角掰掉,身上长刺我要把这个刺拔掉,是拦路虎我就把你踢掉,是绊脚石我就把你搬掉。"宋郑还并非嘴上说说,算完题后,他便手起刀落,处理了一批刺头和绊脚石,厂里人都很震惊,背地里送给他一个绰号——"秦始皇"。

宋郑还需要在知识和技能上能够实施降维打击的人才,但他更需要有执行力、能打仗的人才。

[①] 曹仰锋,于鸣.民营企业高层管理团队"空降兵"内部化的过程和机制[J].管理学报,2012(11).

为实现好孩子集团未来发展战略目标，2010 年是集团执行人才储备培育计划的第一年，好孩子从苏浙沪"211 工程"大学招聘了 30 名毕业生，对他们进行为期两个月的培训，包括素质拓展训练和军训。纺织用品厂的女员工李文敏回忆，2010 年参加新人培训时，最难忘的是好孩子的口号："今天感觉怎么样？非常好！感觉怎么样？好极了！感觉怎么样？棒极了！感觉到底怎么样？爽极了！公司是谁的？我的！责任是谁的？我的！"公司给每个人送了一本书《请给我结果》。2019 年，宋郑还从集团事业部提拔出新的中国公司总裁姜蓉芬，辅佐她实施 BOOM 战略。宋郑还认为，自此好孩子走上了转型升级的正轨。

知识产权管理是好孩子实施降维攻击的另外一个重磅武器。好孩子通过导航研究、专利布局和分析利用，构建市场竞争优势。

导航研究：通过与多家专业机构开展战略合作，利用全球专利大数据分析儿童用品领域关键技术突破的发展方向、技术路径、市场趋势。

专利布局：以领域内技术空白及关键问题的解决方案为核心专利，并不断向婴幼儿用品热点领域延伸布局。

分析利用：专利信息分析数据平台对好孩子关键技术相关的全球专利数据进行检索和分析，针对不同关键技术分支的专利数据进行多层次、多维度的标引，提高对全球相关专利技术的利用能力。截至 2019 年年底，好孩子累计持有 10289 项专利。

好孩子培训学院于 2014 年 3 月成立，以创建中国一流的企业大学为发展愿景，做好孩子发展的人力助推器，其战略定位为：承接公司发展战略，整合公司内外部资源，提炼和弘扬企业文化，培养符合公司战略发展需要的核心人才，建立企业与员工共赢的生态发展学习系统；通过系统的员工培育和能力发展，提升公司各级员工的岗位胜任能力和公司各单位的组织能力，支持公司战略落实、业务发展和人力资本增值；建设员工职业化发展平台，让员工成长为岗位专才或成为具有综合素质的复合型人才，实现员工个人与企业的共同成长。

为了帮助员工从单一技能人才向多重技能人才的方向发展，好孩子开设包括666门线下高质量课程和300多门网络课程，培训学员超过30000个小时。2019年11月，好孩子在线学习平台SPARK上线，图4-1为炫星平台核心价值观。宋郑还认为企业对员工不仅要授之以鱼，更要授之以渔，员工在企业里通过培训学到知识、学会技能将受用终生，这是企业给予员工最大的财富，亦是企业给予员工最大的福利。

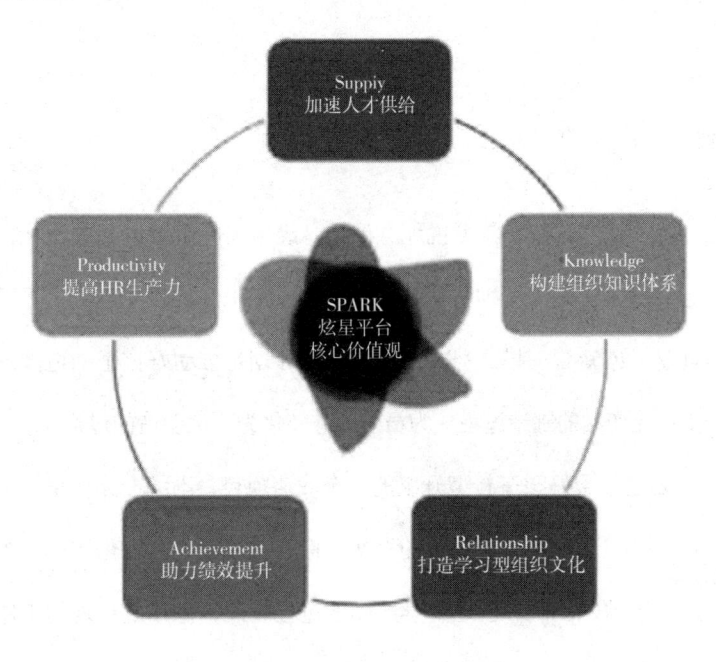

图 4-1　炫星平台核心价值观

好孩子通过人才引进和内部培养相结合的方式提升了组织知识和技能储备，从而保障了产品和服务持续迭代升级的可能性。

宋郑还认为，作为一家儿童用品公司，必须要有为儿童生产的全方位的优秀产品。基于此，好孩子在婴儿推车业务雄踞行业第一之后，不断推出儿童自行车、婴童木制品、汽车安全座等产品线的布局。从儿童推车这个单一品类创业，如今的好孩子依靠强大的供应链和品牌组合，已经涉足孕婴童各品类的消费品。2000年，好孩子提出制造业的竞争力来自速度，这一理念渗透于开发、生产、改进、提升的诸多环节。2020年，面对消费互联网的竞争，宋郑还意识到组织必须更快，"以快制慢、以快制胜"。

和风计划

早在 2008 年，好孩子就敏锐地意识到，经历国际金融风暴的洗礼，企业的经营环境已经发生了翻天覆地的变化，劳动力成本上升的整体趋势将不可逆转，转变经营理念、创新管理模式势在必行。和风计划是推动好孩子制造体系改革走出的第一步：让产品的制造过程成为员工智慧转化为价值创造的过程。

和风计划是配合好孩子转型升级的一个战略项目，围绕产品质量、客户满意而进行，目的是避免商务流程导致的浪费，提升总体效率。强化推进组织、建立激励机制、打造精锐团队、创建科学严谨的过程管理，是和风计划的工作重点。完整的和风计划包含定义、目标、衡量指标和评价机制四个要素。

一是定义。依托好孩子的企业文化，学习吸收日本文化中的优秀元素，借助西方科学的技术和管理方法，将好孩子艰苦创业、不断创新的精神融入现代科学的制造体系中，使产品的创造过程成为将员工智慧转化为价值创造的过程。

二是目标。降低外部质量损失率和销售投诉，提升客户满意度。简单来讲，就是六个字：团队、系统、产品。打造一支主动、积极、精益求精、不断积累、不断改善的团队。建立一个科学化的、可靠的管理系统和生产制造系统。建立团队、建设系统的目标是做出高品质、高品位的产品。其中，高品质代表产品的舒适性、可靠性和安全性，高品位代表产品的时尚型、美观性。同时，好的产品要用适宜的成本来制造，如果生产成本太高或损耗太多，就达不到精益生产的目标。

三是衡量指标。通过合理的科学工具应用和有效的评价方法，对整个实施过程进行评估，包括要与"多快好省"薪酬机制、零缺陷员工比例、员工流失率、多能工比例等结合在一起，对营运结果进行考核。好孩子鼓励各事业部在建设科学化的制造系统及其管理方面奋勇创新，同时倡导合理选用科学工具，能不用工具解决问题的就不使用工具。

四是评价机制。即"四靠、四不靠"：对和风计划的评估不靠眼睛靠数据，可靠的数据来源不靠手工靠系统，生产制造出高品质、高品位的产品不靠成本靠精益，和风计划的推动不靠主管靠员工。每个员工都是和风计划的原生动力，应该将大家的力量汇聚到一起。

员工收入的高低不能取决于工作时间的长短或者辛苦程度，而取决于其所创造的价值，价值创造得越多，所得工资就应该越高。而公司的成长也来源于员工对价值的创造，员工的生产效率越高、产品品质越好，投入的时间和资源越少、成本越低。整体表现就是，员工工资在提高，公司制造成本在下降、效益在增加——公司和员工双赢。这就是好孩子推出的第二步——"多快好省"薪酬机制改革。

"多快好省"考核方案的目的是让付出多、做得好，为团队创造价值多的员工收入更高。其方法是将员工对企业的价值贡献以多、快、好、省四个维度加以区分，结合员工的岗位职责及权重比例，制定相应的积分机制。其绩效的核算与团队的最后运营结果（成本及销售或产值）相连，通过引导员工关注团队的经营状况，进而培养员工参与公司管理，充分发挥员工的智慧，共同打造好孩子的高品质和成本领先优势。

从"让员工成为主角，主动参与经营""以核算作为衡量员工贡献度的重要指标"到"大幅度地增强企业的体质""让企业与员工共赢"等内容来看，好孩子的管理者找到了"多快好省"与"阿米巴经营"在方向与目标上的一致性，将这两个管理思想进行了有机结合。

"阿米巴"（Amoeba）在拉丁语中是单个原生体的意思，属原生动物变形虫科，因其身体可向各个方向伸出伪足，使形体变化不定，故得名"变形虫"。变形虫最大的特点是能够随外界环境的变化而变化，不断地通过自我调整适应生存环境，它是地球上最具生命力和延续性的生物体。

阿米巴经营是被誉为日本"经营之圣"的稻盛和夫独创的经营模式，是基于牢固的经营哲学和精细的部门独立核算的管理，阿米巴经营的实质是把庞大的组织细分为一个个"小集体"，以各个"阿米巴"的领导（巴长）为核心，自行制订工作计划，独立核算，依靠全员的智慧和努力完成目标。阿米巴经营助力稻盛和夫创办的京瓷和KDDI在世界500强名单中长盛不衰。

在阿米巴经营的概念中，一个公司是一个大阿米巴，最小的阿米巴可以是几个人组成的小团队。好孩子以"部门长"为阿米巴的划分依据，每条生产线、一个部门或一个模块就是一个阿米巴。对生产部门来说，工厂或车间是大阿米巴，生产线是小阿米巴；对支持单位而言，这个部门是大阿米巴，下一级的分支单位是小阿米巴。以"部门长"作为一个阿米巴的"头"，其辖下的团队就是一个阿米巴，是一个独立的利润中心，就像小微企业一样自主活动，经营计划、绩效管理、工作和任务分配等都由"巴长"负责。阿米巴思想认为，企业经营的根本在于如何扩大销售额、减少费用支出，企业的基本目标是"盈利，持续获取高利润"。利润指标成为考核阿米巴组织的核心指标。阿米巴主张自主经营，倡导每位员工都是自己的CEO，因此事业部的职能部门不仅不再下指令，反而要倾听阿米巴员工的需求，为员工提供资源和支持。

狮型干部

在好孩子国际上市后的转型升级期，宋郑还一直在思考如何激发公司各事业部、分公司的创业精神。2011年，好孩子（中国）商贸有限公司与好孩子国际控股有限公司这两大好孩子集团的经营实体开启"双百亿"战略。好孩子（中国）商贸有限公司的团队启动"打造核心竞争力战略工程"，内部形成人人背指标、指标人人背的作战氛围；好孩子国际控股有限公司的团队则借行业内领先的研产销体系、成熟的组织结构和新型的营销方式迎接"双百亿"的挑战。

宋郑还在2012年员工大会上提出："永远不变的是改变，化茧成蝶的蜕变过程是完成二次创业的必经之路。推陈出新，唯有转换旧有思维习惯和行为模式，从内而外产生结构性改变，方能造就脱胎换骨的全新好孩子——不光拥有雄心壮志和杰出的领导班子，而且掌握一套现代化的管理体系。这就要求每一位好孩子员工要迅速在二次创业的大潮中找准自己的角色与定位，不仅敢于变革、勇于进取，更要树立"双百亿"目标志在必得的信心。""咬牙做""立刻做""死磕"，三个词浓缩了好孩子的奋斗史，同样也指明了转型期好孩子人的行动方向。好孩子需要再一次颠覆自我，披荆斩棘，向着下一个目标前进。

宋郑还从阿米巴经营实践中受到启发，提出"小微公司"的概念，把市场压力转化为企业内部压力，然后分解成每个人的压力，再通过机制引导员工将压力转化为动力，促使其在各自岗位上为达到目标而不懈努力，提升收入，实现自我价值。带领小微公司全员经营，独立核算，创造增值，需要敢干能成的"狮子型"管理者。

小微公司是一种全员参与型的经营体系，实行独立核算。小微公司把整体变成若干个自主经营体，让每一个经营体成为一个独立自主的公司。通过与市场直接联系的独立核算制进行运营，自负盈亏，每一位成员为公司创造价值的过程也是实现自我人生价值的过程，且员工可参与分享企业的总附加价值。

对好孩子而言，小微公司并非新词。早在1994年，好孩子北京销售中心（后改制为分公司）以个人承包制模式成立时，其实在不自觉地践行着小微公司的理念，后依此陆续成立了33家分公司。在独立经营、自负盈亏的内外驱动力下，各地分公司着力培养人才队伍，整合当地资源主动营销，将好孩子品牌打造为当地母婴市场的领导品牌,从而创收增利。这种模式成为好孩子在中国市场上的核心竞争力之一。

小微公司也是企业培养具有经营管理意识的领导者,让每一位员工成为精英主角,从而实现全员参与的经营方式。在推行小微公司的概念后,好孩子童车事业部按产品品类将团队划分为推车公司、童床公司、自行车公司、电动车公司,每个公司都有一个老板,负责市场调研、产品企划、新品开发及市场营销的全流程指标。

小微公司模式对带队者提出了高要求,他们不再是普通的职业经理人,而是创业者、企业家,需要兼具商业智慧、行事魄力、谈判技能、管理水平。

小龙哈彼事业部率先在2013年试点小微机制,经过半年的落地执行,初显成效。以小微理念为指导,小龙哈彼内部分为少儿产品、婴儿床、婴儿车、汽车座四个小微公司,每个小微有独立的负责人,并联合人事部门签订小微公司激励协议;在日常工作中,建立小微公司PK日清看板,以八步法规范新产品上市企划模型,打通产品调研、开发、设计、生产、营销全流程。四个小微公司相互竞争,比经营、比效益,促进了事业部业绩的整体增长。公司举办小微公司PK激励分享颁奖仪式,对经营业绩优秀的小微公司及负责人进行嘉奖。员工在自我快速成长的同时参与分享,为公司的快速发展培养和储备人才,小微公司的实践体现出多赢的力量。

2014年,好孩子转型升级,从产品经营向品牌、零售终端、消费者经营转变,对管理提出了挑战:如何由传统企业向互联网企业管理转型?宋郑还提出:"互联网企业最重要的就是去中心化,以消费者为主体,互联网企业的员工人人皆创客。"

宋郑还的去中心化理念与杰克·韦尔奇的无边界管理理念遥相呼应。他们都看到了在传统管理模式下，严格的组织和等级界限造成的内部沟通不畅、组织效率低下、反应迟缓等问题，希望从大自然中寻找灵感，创造更加迅速灵活的组织，就像生物有机体一样，存在各种隔膜使之具有外形或界定。虽然生物体的这些隔膜有足够的结构和强度，但是并不妨碍食物、血液、氧气、化学物质畅通无阻地穿过。管理中的信息、资源、构想、能量也应该能够快捷地穿越组织的边界，使企业融为一体。

小微企业和无边界公司一样能够推倒两面墙：一面是企业内部墙，即消除各个职能部门之间的障碍，使研发、生产、营销各部门之间能够自由沟通，在协作中产生"1+1 > 2"的合力；另一面是企业外部墙，将上游供应商和下游客户纳入为客户创造价值的流程当中，积极寻求跨界资源整合，不断创新合作方式。

技师激励

在创业的艰难岁月，宋郑还深刻地领悟到：企业的人力是资本，物力是资本，财力是资本，而研发创新人才是企业最重要的资本。制造业的竞争，归根结底是产品创新人才的竞争。谁拥有顶尖的研发人才，谁就拥有最具竞争力的产品。

宋郑还把自主研发创新的 DNA 输入公司，30 年来，不断吸引并培养研发人才，最终发展成为中国儿童用品领域研发水准较高、规模最大的研发基地。

第四章　信念共享的人才观

好孩子如何打造这支最核心的力量？

研发人员的收入由底薪加奖金加提成组成。研发人员每研发一个新产品，只要开模就有一次性奖励，并根据上市的毛利率，给予相应提成。这样就可以引导设计师跟踪自己的产品，想方设法延长产品在市场上的寿命。因此，在设计过程中，他们会以客户的需求为导向，不断改进。

好孩子的稳健经营和蓬勃发展对人才形成很强的感召力，看到企业的未来与能够展示自己才能的舞台。每年9月16日，宋郑还都会带领研发人员前往德国参加行业里最大的博览会——科隆展，让他们了解市场的最新动态。好孩子非常重视研发人员的想象空间和思考方式，回来后，集思广益，碰撞出很多新概念、新想法。正如3M公司的首席发明家、利贴胶纸的发明人亚瑟·傅莱所说：一个天才强不过一百个"凡人"，通过不同见解的激荡，便能引发革命。

宋郑还提倡以人为本，在研发中心，营造了非常轻松的工作环境，并给予很多超乎工作的关爱。

在好孩子的事业中，研发人才不见得是科学家，不见得有令人称赞的学历文凭，而更可能是一个技艺精湛的手艺人、工匠或工程师。昆山人周雪生就是其中之一。

周雪生曾与妻子经营着当地一间裁缝店，过着有滋有味的小日子。1990年好孩子童车厂建成投产，急招布套、工程、研发等各类人才。周雪生在熟人的引荐下关店入厂，加入好孩子。

"当时，好孩子只有4间厂房，所有员工加起来不到100人。缝纫车间约40人，缝纫机器都是工人自备的，每制作一套布套就计算一套布套的工钱。"1995年，周雪生从缝纫车间调到研发部，工作也从缝纫工变成有技术含量的布套设计工。"按照客户的具体要求，我从车架上打好样板，再裁剪和缝纫。"所有的业务和工作流程均由周雪生一人完成，因为这个工种只有一个岗位。人们开始称呼他为阿雪。20多年过去了，研发部已经发展成为全球五大研发中心的总部，阿雪从一个人发展为一个团队，凭着一针一线积累的经验成为布套工程师。

阿雪最满意的产品是B2000，也就是打进美国市场的"爸爸摇、妈妈摇"婴儿车："除了大弧形创意和摇篮功能这两个亮点外，我们在布套设计上也费了一番功夫。坐兜布套的张力配合摇篮功能的转换而设置，同时满足坐兜的前后和左右摇摆，外观则要求篷头、坐兜、靠背、脚踏及置物篮筐平整，避免存在褶皱，影响美观度。"

公司内外客户遇到布套设计问题都习惯性地想到周雪生，"阿雪肯定能解决这个问题"。好孩子副总裁贺新军回忆，一款出口美国的推车在大货生产前期，设计人员发现推车的篷头后侧干涉整车的折叠流畅，当时修改整车结构已经来不及了，只能通过调整布套来解决。阿雪经过苦思冥想，决定将篷头的后片做大，制作两条褶皱以实现折叠过程中的收缩。这个方案不但解决了这款出口车的问题，而且褶皱的设计成为一个受客户欢迎的时尚元素。

好孩子提出打造全方位的研发能力，做儿童用品业界的创新、时尚、标准的领导者。周雪生说："我们的老本行是裁缝，若谈技术活儿，我们当仁不让，但是如果将这些事与时尚挂钩，那我们还有待提高。"

宋郑还坚信创造力就隐藏在像周雪生一样的民众中，在很多不起眼的人身上。"如果一个国家能够把人民的创造力全部激发出来，那这个国家是战无不胜的。我们的企业也是这样，想办法把每一位员工的创造力发挥出来，企业发展就是要靠每一位员工,那这个企业就会立于不败之地。"

美国在奥巴马执政时期推出"再工业化"战略,利用美国长期积累的技术优势加快促进人工智能、数字制造、3D打印等先进制造技术的突破与应用。2018年10月,美国白宫发布《先进制造业美国领导力战略》(Strategy for American Leadership in Advanced Manufacturing),提出"教育、培训和匹配制造业劳动力"的战略。

通过设立"国家制造日"、举办高中生先进制造夏令营、实施"创造者猎英"行动等,美国正在重塑人们对先进制造业的看法,让更多新兴工人视制造业为职业选择,目标是到2025年,填补美国60万技能人才的缺口,增加25%的技术学校和职业学校入学人数,使学生家长对制造业行业的积极看法从27%提升到50%。

对比中国,我国技能劳动者不到两亿,2020年我国制造业人才缺口为2200万。人社部数据显示,截至2017年年底,我国就业人口为7.76亿,其中,技能劳动者为1.65亿,占就业人员总量的20%,高技能人才仅占6%左右。制造业人才总量短缺,结构不合理,高级技师领军人才匮乏。[①]

长期以来,我国制造业技能人才队伍以低技能人员为主,高技能人才占比较低。据人社部2020年统计,技能劳动者数量占我国就业人员总量的19%左右,高技能人才仅占5%。随着我国制造业向全球价值链中高端攀升,对高技能劳动力的需求势必不断上升。

我们必须加大多层次人才培养力度,才能有效解决劳动力市场供给与需求不

---

① 罗娟.期待"技能金牌"发挥杠杆效应[N].工人日报,2019-08-30.

匹配的问题，重点是培养同研发、核心零部件设计生产相关的创新型和技能型人才，与品牌培育、专业服务相关的管理型和服务型人才。

连接世界

面对未来，宋郑还说"传统行业边界被打破，我们不知道竞争对手是谁"，这并非谦辞，也不仅仅是宋郑还一人的隐忧。中国的传统行业特别是制造业在移动互联网时代面临着严峻的考验，唯一的出路是不断创新，寻求高质量发展道路。自2014年好孩子明确转型升级目标以来，宋郑还决定再次"自己打倒自己"，以"成为孕婴童生态圈的组织者"为新愿景，"做好自己，连接世界，赢得未来"。

在工业时代，机器是生产力的本质，产品是企业竞争力的核心。对于管理者而言，流程把控能力是稀缺能力。在互联网时代，链接成为生产力的本质，服务成为企业的核心竞争力，有没有用户思维成为管理者的稀缺能力。而在移动互联网时代，数据成为生产力的本质，平台成为企业的核心竞争力，科学决策成为管理者的稀缺能力。放眼正迎面而来的智能时代，生产力的核心为生态所驱动，企业的核心竞争力是在生态位中抢占有利位置，对于利益相关者的心智协同能力则成为管理者的稀缺能力。

共生是宋郑还的另外一个坚定信念：

"这个时代表面无序，实则背后是深度关联，企业无法独善其身。今天好孩子内部每一个好产品的诞生都不是出自某一个人，而是全球合作的成果。未来最重要的是你能不能连接世界，想要连接世界就要打开自己，像水一样，没有形状，参与到全世界的大协同中。"

"我们要学会分享成果，利他主义、共生共荣是我奉行的理念。真正地让合作伙伴赢，我们才能赢。这就是共生理念。"

"做好自己，再去连接世界。因为自身的不可替代性，这一点与高度协同能力同等重要。"

"我们要建设共生型组织，互为主体性，整体多利性，柔韧灵活性和效率协同；我们要建设蜂窝型组织，一个蜂窝由很多小蜂窝组成，一个小蜂窝灭亡整体不会受到影响。所以，现在看互联网巨头，都是大量投资小微企业，这是最聪明的做法。"

"一个个小微组织就是一个个小蜂窝，再组成自己的大蜂窝，但在小蜂窝底下有一个地板，这就是公司平台，公司价值观、人才和资本在这个平台呈现。"

宋郑还认为，"做好自己，连接世界"的能力首先来自人的精神。

宋郑还家世代行医，母亲的言传身教对他一生影响重大，他坚信个体奋斗的重要性。接受教育部门给的拯救濒临倒闭的校办厂的任务，并非完全出于无奈，也是他相信事在人为的选择。他奔走于上海与昆山之间为加工厂寻找机会，从铜制品、微波炉到童车，不断尝试新产品的研制加工。宋郑还没有因为专业能力欠缺而畏缩不前，相反，他有一种自信：别人能造出来的产品，我宋郑还一样可以！借助一点高中数学知识、废寝忘食的钻研精神及校办厂积累的基本机械加工能力，他实现了模仿式的产品创造，这是宋郑还创业迈出的第一步，这一步也成为他认知人的创造力的基石。

产品研发和样品试制完成之后，投入批量生产需要资金投入，打开市场更需要资金投入。急需用钱的宋郑还决定先卖专利养活团队。一个童车设计专利卖了4万元，这笔钱用来发工资、买设备还是投入新研发？宋郑还的决定是：修厂门！当时没有人能理解，一家负债百万元、欠薪多年、濒临倒闭的小工厂，为什么要斥巨资修门面？这是中国人所谓的面子工程？宋郑还说："生产需要很多投入，负债那么多，根本不可能生产。而唯一能改变的是人的精神，人只要有精神什么事情都能干出来。所以，我要用一个像样的厂门把人的精神振奋起来。"

宋郑还在招聘人才时最注重的是他们做事的态度——一定要有百折不挠的精神。"在教书的时候，我就一直跟我的学生打这样一个比方：奥运会每个项目的冠军只有一个，全世界那么多的运动员都在争一个冠军，表面看来好像大部分人都失败了，但这些人并没有失去什么，反过来，他们还变得更强、更快。"宋郑还认为，人人都应该有不屈不挠争第一的精神。

重庆分公司总经理邵文兴就是宋郑还选拔出来的第一批销售人才，他回忆道："1989年好孩子第一辆推车问世，只有一个型号，作为第一批业务员，我们有一个坚定的信念：必须把订单拿回来。出差前，宋总关照车间做好大布袋，那是要背样品车用的。因为生动的演示和讲解更能打动客户，成功率也更高。第一次去昆明出差的情景让我终生难忘。"由于公司财务紧张，无法预支差旅费，宋郑还自己掏了300元给邵文兴当路费。"这300元不仅是我的路费，更包含着宋总对我的期望。"邵文兴买了张硬座票赶了三天三夜的火车，累了钻到座位底下睡一觉，在昆明一待就是40多天，在克服重重困难后终于拿到了订单。当时通信还不发达，好孩子的业务员每天通过电报发回公司订单和要货计划。就是在这样一群业务员的努力下，从几辆开始到几十辆不止的订单源源不断地发回公司。短短三年，好孩子就成为中国童车销售冠军。

宋郑还考核优秀干部有两个指标：一是独当一面的能力，把不可能变成可能；二是全力以赴的精神。"公司干部必须拿出最积极的态度，从思想、方法、流程上去想解决办法"，这一条被写入《好孩子干部评估及要求》。

"记得1992年，我第一次看到东京地铁时真是感慨万千，甚至感觉到自己的渺小，由此我也体会到任何事情的实现都依靠人的力量，而人要依靠自身的精神，只要有信念，任何事情都可以做到。古代夸父追日、精卫填海的故事都是在讲述着这样一种执着的精神和坚持的信念。"1992年，宋郑还刚刚获得"中国童车大王"的称号，当他孜孜不倦又大步流星地奔走在东京"取经"时，随行的日本企业家说："看宋的背影，必会成就一番事业。"

"钢铁大王"安德鲁·卡耐基曾说："如果将我所有的工厂、设备、市场、资金全部夺去，但只要保留我的组织人员，四年之后，我仍将是一个钢铁大王。"宋郑还善于用信念、道德、情感和利益凝聚人心，想象力、激情、力量、信任、尊重和热爱成为好孩子团队的核心价值观。只要有这样一群人在，宋郑还知道好孩子必有未来。

第五章
共生共赢的平台观

第五章 共生共赢的平台观

中国台湾鸿海精密集团（富士康）董事长郭台铭曾把JDM（联合研发）商业模式下企业需要的能力概括为"全方位成本压缩能力"。对于OEM企业而言，转型升级需要具备六个核心能力，即：第一，与大客户共同研发的能力；第二，模具开发能力；第三，产品检测能力；第四，弹性制造能力；第五，确保产品质量优良的能力；第六，全球资源配置能力。好孩子在儿童用品行业的创业实践，几乎完美地印证了这六点。在抓住Cosco母公司这个大客户之后，好孩子坚持自主研发，通过品类拓展的策略，学习试错，掌握更多的模具开发能力，在坚持质量标准的过程中逐渐引领行业标准制定，创办专业检测公司，通过互补型的国际并购优化品牌组合、拓展全球供应链，最终夯实全球资源配置能力。

10年前，好孩子坐上全球多个主流市场儿童推车和汽车安全座椅市占率第一的王者宝座。与此同时，互联网开始了重塑行业格局的革命。近年来，随着人工智能、大数据、机器学习等新型技术在各行各业中的广泛渗透，传统组织和商业模式受到较大程度的颠覆。儿童用品行业自然不能幸免。对于宋郑还而言，他要的不是侥幸，而是像之前一样抓住时代机遇，成为无冕王者。他要抓住这只时代的蝴蝶，给自己加冕。

1993年穆尔（Moore）在《哈佛商业评论》发表文章提出，成功的商业创新必须吸引资本、合作伙伴、供应商和消费者共同创造合作的商业网络。高新技术企业的发展正在很好地回应合作网络需要解答的三个问题：企业如何创造一个新的商业社群？是否存在一个稳定的社群领导结构以满足快速的创新变化？企业如何发展领导力以适应快速的创新变化？

穆尔引用人类学家的"共同演化"概念及生物学家的"支配性物质"概念提出了"商业生态圈"概念。他认为，商业生态圈是一种新的战略方法，公司不再是一个单一产业的成员，而是跨产业的商业生态的组成部分。在商业生态圈中，多个组织围绕创新共同演化出新能力，支持新产品，以满足用户需求。生态圈是一个结构性的社群，整合了各方资源和消费者利益，会诞生新物种。未来的商业竞争不再是个体公司间的竞争，而是生态圈的竞争，这种竞争方式会推动产业升级。穆尔认为商业生态圈发展会经历四个阶段：出生、扩张、领导和自我再生（或自我毁灭）。

穆尔进而提出品牌生态圈的概念，其定义为：以开放型平台品牌为基础，大量超越产业边界的商业组织与资源联结在一起，共同进行价值创造，并基于用户数据分析技术，彼此形成相互依赖、相互协调和互惠循环的结构化社区关系，以及网络效应，并不断演化出新的能力和价值，最终实现多方共赢的生态圈集合价值。

生态圈就是宋郑还要抓的那只蝴蝶。这只蝴蝶一翼是消费互联网，一翼是产业互联网。好孩子要做"两网"的连接器，孕婴童行业生态的组织者、整合者。

第五章 共生共赢的平台观

一个平台

好孩子的平台商业构想扎根于其一站式的制造能力、供应链管理体系、分销零售网络和品牌资产。好孩子构建了以昆山为主体、宁波为辅助，总占地超过1000亩的制造基地和供应链管理体系，拥有行业较为先进的生产线、品质保证体系和营运组织体系，拥有包括布艺缝纫、铝合金加工、金属加工、木材加工、塑胶加工、喷涂、电气等十数家专业配套工厂，以及30余条成品组装线，满足婴儿车、汽车安全座、学步车、自行车、电动车、滑板车、三轮车、木器等产品的组装，同时发展了由400多家生产厂商组成的供应配套体系。

好孩子在拓展国际市场的同时深耕中国市场，建立了一个覆盖全中国的母婴产品分销零售网络，包括35家分公司、40余个配货中心、4000余个自营零售网点、1200多家经销商及他们设立的近万个零售网点，覆盖全中国大部分省、自治区、直辖市的主流消费市场。正是通过这个网络掌控的这些渠道和终端，即选择、培养具有现代经营理念、有实力、高信誉的经销商，通过最经济、高效率的手段把经销商连接成经销网络，再通过经销商控制零售终端，提高铺货率，让零售终端这个神经末梢成为展示好孩子商品、品牌和企业形象的舞台，同时，更好地实现商品的销售。

好孩子品牌在童车类别内市场领导地位的确立，为其在婴童产品包括服装、玩具、护理用品等领域的扩张做好了准备。1994年，好孩子进入婴童服装产品领域；2002年，好孩子进军婴童护理用品领域；2007年，好孩子全线进入零售行业。在成立20年后，好孩子在中国市场通过扮演"蜘蛛"的角色，把供应商、经销商、消费者连接起来，形成了一个严密的营销网络。这个覆盖中国的母婴产品分销零售网络受到世界性品牌的青睐，助力好孩子成为世界一线母婴产品品牌进入中国市场的首选合作伙伴。

好孩子一站式专卖店，是好孩子新零售平台的雏形。好孩子专卖店突出自有品牌、母婴主题和人性化设计，除食品外，0～12岁婴童及孕产妇所需要的商品种类达3000多种。好孩子不仅销售Goodbaby、Geoby、小小恐龙等自有品牌和CakeWalk、Cosco、Miniman、NikeKids等代理品牌，甚至还有外购产品，其销售比例曾经达到10%。

除了品牌和产销网络之外，好孩子还建立了一个覆盖全国的消费者服务体系。好孩子建有呼叫中心和顾客关系管理体系，全国设有33个服务中心和230个服务站组成的联保服务网。

早在2000年，好孩子就在中国推行科学育儿运动，投资建设了中国第一个育儿网站——好孩子科学育儿网，常年聘任1000多位育儿科学顾问，他们是全国知名婴幼儿医学、生理、心理和教育专家，为中国家庭提供婴幼儿培育和成长指导。好孩子还在线下组建亲子研究中心和亲子俱乐部，在全国范围内开展亲子教育和育儿咨询活动。

2010年成功上市后，好孩子借助资本的力量，在2014年完成两大国际并购，不仅补充了其欧美市场的研发、生产和营销网络，而且大大提升了自主品牌的组合实力，并在推车之后找到了第二大正处于增长期的品类——儿童安全座椅，迅速抢占市占率第一的位置，成为全球儿童用品公司，并跻身前列。迄今，好孩子已经构建起一个覆盖多个消费层级的儿童用品品牌金字塔，包括 gb、Cybex 和 Evenflo 三个战略品牌，Rollplay、小龙哈彼等 5 个战术品牌，也是耐克、阿迪达斯、彪马、斯凯奇等运动品牌的儿童用品中国代理商，是 Mothercare 零售品牌的中国代理商，这些品牌经营能力为好孩子转型实现 BOOM 战略做了铺垫。

宋郑还非常喜欢英特尔转型的故事，他希望让每一个好孩子员工通过这个故事明白自我颠覆的重要性。

1979 年格鲁夫掌舵英特尔，随后发动了一场战役，他计划一年内从当时的业界大佬摩托罗拉手中抢到 2000 家新客户，包括 IBM。1979 年年底，他不仅完成了目标，还超额 500 家，英特尔一跃成为全球顶级的存储器公司。20 世纪 80 年代日本存储器厂家崛起，他们提供低价、高质量产品。英特尔采取了各种营销政策甚至削价，但收效甚微。1984 年，公司连续六个季度亏损，面临被挤出市场的危险。面对困境，格鲁夫与公司董事长兼 CEO 摩尔展开了一段堪称伟大的对话：

格鲁夫：如果我们下台了，另选一位新总裁，你认为他会采取什么行动？

摩尔：他会放弃存储器业务。

格鲁夫：那我们为什么不自己动手？

下定决心的格鲁夫坚决砍掉了存储器生产，把微处理器作为新的生产重点。1992 年，微处理器的巨大成功使英特尔打败日本竞争对手，成为世界上最大的半导体企业。

格鲁夫称这次转变为"战略转折点"，英特尔壮士断臂，顺利穿越了存储器被迭代的"死亡之谷"。直至 1998 年卸任，格鲁夫领导的英特尔公司每年返还投资者的回报率高于44%。

微处理器的技术优势和发展势头并没有让格鲁夫志得意满，他又考虑新的问题："如果电脑不能用来做更多的事，以后几年我们生产的芯片将无人问津。因此，我们得自己创造用户来促进市场需求的增长。"

与之相呼应的是，日本的半导体专家汤之上隆见证了日本制造业由辉煌走向衰败的过程，他在2009年、2012年、2015年先后著书三本，研究、反思日本制造业的溃败缘由。他在《失去的制造业：日本制造业的败北》一书中提出，"日本的半导体、电器产业及英特尔等都有共同点，那就是它们产品的世界市场占有率都曾位居第一，都曾创造出世界的最高品质，都拥有世界最先进的技术。尽管如此，它们最终都失去了市场。"汤之上隆探究背后的原因，从众多因素中找到了一个共同的原因："简而言之，这个原因就是它们所涉及的各行业和企业都没有与时俱进，没有及时更新换代，陷入了创新窘境。"

对于行业领导者而言，创新的窘境比跟随者更甚。"在雾中驾驶时，跟着前面车的尾灯灯光行驶会容易很多。但'尾灯战略'的危险在于，一旦赶上并超过了前面的车，就没有尾灯可以导航，就失去了找到新方向的信心与能力。早早行动的公司正是将来能够影响工业结构、制定游戏规则的公司，是一个企业组织必须经历的最大磨难，但只有早早行动，才有希望争取未来的胜利。"

宋郑还不停地"自己打倒自己"，解决的不仅仅是行业领导者被模仿的问题，更重要的是行业领导者自我超越的问题。早早行动，"别人想到了，我们做到了"，这是宋郑还的座右铭。

第五章　共生共赢的平台观

四大战略

2014年6月2日《新闻联播》"深化改革·转型活力"系列报道头条报道了好孩子从传统生产制造企业转型为平台型服务企业的案例。宋郑还在好孩子现代化办公区接受央视记者采访，谈到公司在零售服务板块的发展："今年我们还要增加1000多人，他们不是生产线上的操作工，而是服务于4000多家零售店铺的数据分析师、育儿专家及销售人员。仅从人数上来看，零售服务业的发展规模已远远超过传统的制造业规模。"

2014年7月，宋郑还的BOOM战略在好孩子（中国）商贸有限公司年中工作会议上宣布落地。宋郑还认为，粉丝经济是好孩子的终极目标。面对互联网引发的商业文明变革，好孩子希望自己跟得上、盯得住，还要跑得快，当务之急是打造一个集合几千万甚至是几亿铁杆粉丝的平台。

"粉丝平台是公司最重要级别的战略，具体行动路径则是B+O+O+M。"宋郑还希望好孩子创建中国母婴行业霸主级复合型平台，"BOOM"成为好孩子战略转型的重要武器，这四个字母分别代表着品牌战略、渠道战略、电商战略和粉丝经济战略。

自提出"BOOM"概念以来，宋郑还为好孩子圈定了四个值得学习的标杆企业，它们是苹果、捷安特、利丰和淘宝。好孩子要向苹果学习产品设计、用户体验及产品的市场推广，包括营销手段和产品包装。捷安特是品牌商和产品供应商"两条腿走路"的典范，宋郑还希望好孩子学习它的双元化经营能力。香港利丰是闻名全球的产品品牌代理商，是好孩子国际品牌代理业务的学习榜样。作为中国电子商务的先驱和领导者，淘宝自然成为好孩子迎接电商革命的指路人。

朝着平台企业的目标，宋郑还为好孩子制定了两个愿景：一是成为全球儿童用品领导品牌，多品牌、多品类全渠道经营，覆盖全球 1~6 岁高中端育儿家庭；二是成为行业平台，围绕 1~12 岁育儿家庭的需求组织商品及服务资源，构建生态型商业合作共同体。

为了实现这两大愿景，宋郑还在 2020 年提出了集团的"四大战略"。

第一，品牌战略。以战略品牌为核心，多品牌错位经营。战略品牌 Cybex、gb、Evenflo 各自有各自的空间，错位经营，打造科技时尚、年轻化、有情怀、粉丝级的品牌。不是一个品牌单打独斗，而是有体系地做多品类的延伸。头部战略品牌 Cybex 不仅要做多品类的延伸，还要向服务业延伸。

第二，渠道战略。

（1）拓展母市场。好孩子的母市场战略非常有价值，也是很多中国企业取经的地方。德国、美国和中国都是好孩子的母市场，有本土化经营的团队，有母国效应。

（2）国际市场的渠道战略。其一，国际市场以品牌加盟区域代理制与自主品牌直营相结合；其二，旗舰店和终端品牌店相结合；其三，发展社交粉丝社群渠道；其四，线上线下全渠道发展。

（3）中国市场的渠道战略。其一，完善云门店零售系统，旗舰店领航，加盟店下沉，网格化精细化管理，做好专家级的会员体验服务；其二，搭建电商的全渠道体系，既有中心化电商，又有去中心化电商。

第三，价值链战略。针对好孩子的资产形成完整的价值链，加大研发投入，优化制造和检测的大供应链体系。建立产业路由器，连接各种资源信息，实现科创引领、设计置顶和供应链保障。

第四，数字化战略。加快数字化转型，建设工厂大脑、营销大脑。借助外部资源发展数智化，加速推进智能化商业平台的建设。

品牌和渠道是好孩子与消费者沟通的"两个话筒"，好孩子创业30多年做的全球市场扩张、国际品牌并购、线上线下零售渠道拓展，无非是提升这"两个话筒"的声量，这两大战略路径好比好孩子的任督二脉，始终坚守。而宋郑还对于价值链和数字化这两大战略的判断，则是基于他对未来商业趋势的洞察。

五个预判

宋郑还认为，未来的商业必须符合五个趋势。

趋势一，消费者参与感增强。消费者发生了两大变化：一是消费者倒逼企业，提出越来越多个性化、极致的需求，需要企业满足，否则就会失去消费者；同时，企业通过消费端的数字化，获知消费者的潜在需求，消费者参与到产品和服务创新中，为企业赋能。

趋势二，数字化成为最终竞争力。过去数据被称为金子，今天数据是土壤，是万物生长离不开的大地母亲。通过大数据，商家把握市场趋势，精准化运营，提高效率。数字化不仅有助于连接消费者，更有助于连接上下游的合作伙伴，开放创新成为商业模式迭代的必要条件。消费互联网和产业互联网连接，进行要素重构，带来端到端全生命周期、全链路、全渠道、全要素、全场景的商业革命。企业将资源集中在最有效率的部分，组成互联共生的生态链，将决定企业竞争力新格局。

趋势三，国货品牌崛起。中国基础设施完备，降低了品牌创业的难度，新生代对中国文化、中国制造的认同和个性化需求旺盛，"万众创新、大众创业"的政策导向，以及各大互联网电商平台对品牌资源的争夺，这些因素促成了国货品牌的崛起。因此，市场在细分化、碎片化竞争中逐渐形成"1+N"格局，拥有影响力、供应链优势和渠道优势的头部中国品牌，享有品牌集中红利。

同时，商品过剩带来消费者决策焦虑，谁可以替消费者做审美判断、品质选择和服务评估？专业化、垂直型精品优选品牌商店将获得重大机会。

趋势四，企业私域流量成新赛道。经营品牌与用户的关系，核心是深度服务和社交化运营，创造场景化体验，通过互动、链接、贴心的服务黏住粉丝，满足用户的极致需求。会员体系是构建私域流量的一个载体，也是传统企业和未来企业的分水岭。在公共流量越来越贵的今天，企业私域流量的构建是一条新赛道。

趋势五，科技智能时代到来。全球化产业正在由第三次工业革命浪潮向第四次过渡，将来一定是一个科技智能的时代，每个企业都可能在此次潮流中成为革命者或被颠覆者。全球化企业必须做好价值管理：第一，要把握并顺应环境发展的趋势，应对外部环境的变化；第二，要具备内在驱动力。特别是制定战略的能力、执行战略的能力和优秀的企业文化。企业必须要有这三样东西。

宋郑还在趋势中看到了好孩子新的时代机遇，即成为国货之光的机会，成为垂直零售品牌的机会，以及成为生态组织者的机会。好孩子拥有非常完善的大供应链，包括研发、制造和检测三个重要产业链价值点，是好孩子抓住时代机遇的底气。好孩子决心通过"三步走"整合社会资源成为一个平台型公司：第一步，把自己打造成平台型公司；第二步，合纵连横，不拘泥于并购、合作和入股等方式吸收社会资源，形成生态圈；第三步，生态链之间互生、共生、再生，生生不息，自我变革。

2020年年底，好孩子初步实现了第一步目标，搭建出三大平台。第一个是以品牌和产品为核心的内容平台，这是好孩子真正抓得住的东西，也是出发点。第二个是以大供应链为依托、以用户关系经营为方向的商业平台，通过抓住C端，实现C2M。第三个是大数据、人才和资本平台。以开放、合作的态度，借助大数据和资本的力量，不求为我所有，但求为我所用。真正重视人才，把生态圈、用户、服务体系做实，成为一个新的零售公司。

宋郑还非常认同一种观念，即产业协同体系至少有五层架构：底层是大规模生产+柔性化制造，二者缺一不可；第二层是独立实验室和设计师工作室；第三层是SaaS（软件即服务）+PaaS（平台即服务）的供应链管理，要有集约化、资本化的供应链管理体系；第四层是去中心化渠道+MCN机构；最上层是个性化品牌。

宋郑还并不认为好孩子要穿透五层架构中的每一层，与其平均用力、成绩平平，不如锚定其中几层，寻找好孩子撬动行业的新支点："我们到底适应了什么，在哪一层有特别的价值，能够成为核心能力，甚至构建商业壁垒，这需要我们思考。但是我们相信，在新的五层结构当中，只要在某个价值环节上发挥到极致，就有存在的价值，就没人可以打败你，就有生存的空间。"

以科创和制造作为动力发展大供应链，同时以用户为中心走品牌化道路——成为宋郑还构建产业协同平台的最终选择。提高供应链中的科技含量，实现多品牌的用户经营，成为好孩子最重要的两门功课，尤其是 BOOM 中的"M"，即会员、粉丝经营。

零售场景

宋郑还是一个勤奋的战略思考者，他在 2012 年提出"BOOM"概念，2014 年提出平台转型战略，2018 年之后坚定了用户导向和高科技驱动的战略方针。"我们每年卖掉 6000 多万件产品，是哪些家庭在购买，他们的联系方式是什么、用得怎么样，还需要什么产品，我们所收集的用户信息不能是一座座孤岛。"宋郑还用一个例子鞭策同事："一次我们在杭州推广一项非常极致的服务活动，结果消费者提的第一个问题就是：杭州的其他门店能享受这种服务吗？如果不能，消费者会有什么感受，会喜爱你吗，会向朋友传播你吗？如果这个问题不解决，我们做再多的极致体验活动也没用。本质上和其他品牌没有区别，就是一个卖产品的，没有真正的极致服务，不值得尊敬，未来也不会属于我们。"

好孩子为什么要做零售？宋郑还认为零售是窗口，是接触消费者的一个场景。消费场景是线上还是线下，取决于用户。"互联网几乎把所有行业都定义为了服务业。当你真正成为服务型公司的时候，你持有的是用户，你为他服务的资源是什么、内容是什么、模式是什么，要因用户而变。App只是工具，企业的核心是服务用户的能力，把我们做品牌、分销和零售的强项发挥出来，做全球孕婴童生态圈的整合者，围绕服务对象进行研究，提供综合性的、一站式的、全方位的服务。"

2014年年底，好孩子首次设置首席供应链管理官一职，并将四年前提出的"全球化、世界级、整合型、领导者"奋斗目标调整为"全球化、粉丝级、生态化、整合者"，即面对国际和中国两个市场分别坚持了全球化和整合者两个目标，又在互联网趋势下新增了"粉丝"和"生态"两个概念，并沿用至今。

宋郑还认为在当前形势下，全球化主要包含两个概念：一个是全球资源的优势组合。以前好孩子用中国资源做中国市场和世界市场，而现在则要用世界资源（最突出的就是人才）做世界市场和中国市场。另一个是要本土化经营，如好孩子在美国、德国和中国三大母市场的开辟及本土化的经营理念。

宋郑还号召员工学习苹果公司和小米公司运营粉丝的不同经验。

乔布斯讲过一句违背营销理念的话，那就是他不做市场调查，而是由他来告诉消费者应该做什么。尽管这样的说法完全颠覆了传统的"消费者需求导向"，但是他把产品做到了极致，使世界各地的消费者不仅仅只是喜欢它的产品，更成了它的粉丝和拥趸。宋郑还认为，这样一家公司的商业驱动力不仅仅是性价比和品牌，还有非常重要的连接消费者的情感因素："品牌经营做到这个级别，就叫粉丝级别。"

小米公司恰恰相反，它不是居高临下俘获粉丝，而是刻意经营粉丝，从一群发烧友慢慢衍生出一大批粉丝群，当粉丝越来越多，依靠这些粉丝实现销售。小米有一个七字诀，"专注、极致、口碑、快"，这也变成了互联网思维公司的一句座右铭。小米的经营方式就是造粉、聚粉，并且把粉丝细分。拉动小米成长的动力不是传统的经营，而是粉丝经营，依靠粉丝的能量来经营自己。

苹果和小米，一个通过品牌经营发展粉丝，产品定位清晰，个性突出，坚持追求极致品牌，另外一个利用互联网手段造粉、聚粉。宋郑还认为二者都有值得借鉴之处："好孩子要做成粉丝级，除了产品与人的关联外，还需要更多情感的关怀，我们两条路都要走，一条是把产品做好，产生粉丝，一条是用互联网（包括移动平台）和消费者互动，产生口碑与发烧友，最后把消费者变成粉丝。"

宋郑还把原先的领导者目标调整为整合者，原因是他认为两者区别很大。在行业里，整合者不一定是领导者，而领导者也不一定会成为整合者，而在互联网经济中，颠覆领导者的一定是整合者："整合者有能量把行业的规则、资源围绕着自己的需要进行整合，结果它就改变了行业的规则，话语权也变大了。行业发展到一定阶段，一定会出现整合的情况，也就是资源的重新组合。重新组合中有的是被别人整合，有的则是去整合别人；整合别人就是主动的，被别人整合就是被动的。整合者就是完全主动地按照自己的战略整合自己所需要的品牌、市场、渠道、人才、信息、资本等各个方面的生产要素资源，然后融会贯通，产生一种新的经营方式。"宋郑还相信好孩子肯定是整合者，而不是被整合者，没有别人可以取代。

宋郑还发现很多超级互联网公司都在建自己的生态圈，甚至像海尔这样的传统制造企业也已经转型为生态企业："生态其实是一个企业生存的状态。观察一家企业能否转型为生态企业，取决于内外两个方面。对外，看是否符合外部环境，能否根据环境变化而变化；对内，看是否管理得当，有没有正确的发展思路、方向和愿景，内部资源的配置或者是企业文化、经营哲学、组织架构与人才管理等各方面到不到位。管理效率低下的企业根本就抓不住外部环境提供的机会。"宋郑还认为，平台企业应该提高信息化、数字化管理水平，以及学习型、不断进步的组织文化。

联网思维

从昔日的产品公司转变为经营品牌、渠道和粉丝并举的平台型企业，经营方式变了，资源整合方式和组织驱动力也需随之改变。"好孩子需要一些新的核心能力。第一，组织。组织的核心，首先就是领导力。第二，技术。从产品到品牌，核心的因素当然是技术。第三，互联网。互联网既是生态，又是发展方式，同时还是品牌与消费者互动的一个平台。"宋郑还需要好孩子的每一个经营有机体都能适应发展趋势，进而一步步去实现组织目标。

随着全球化和粉丝经济战略方向的明确，好孩子的DNA也在发生突变，内部的机制、组织也要随之发生变化。宋郑还的第一步是梳理出四个重要的业务模块，以此引导组织变革："第一块是技术，包括设计、质量和研发。这是基础，也是好孩子品牌经营的核心所在。第二块是供应链，包括原材料和产成品的采购，自有工厂的制造，以及供应链物流。这是保障，也是创造价值的核心部分。第三块是品牌营销体系的搭建和管理。第四块是针对不同市场的分销策略。"梳理出转型的重要业务模块后，现有的人力资源被分配到各个模块。

互联网思维要求企业优化流程、精简机构、治理臃肿、激发组织效能。宋郑还要求好孩子进一步落实"小微"模式，既要实现组织扁平化，又要激发员工的创造力，焕发企业经营活力。同时，强化员工的实干精神，要求其具备"说到就能做到，做得比说得更好"的务实态度。

"'千里之行，始于足下'现在是变革的最好时间点。好孩子已拥有品牌、产品、行业资源等众多基础优势，今天有幸成功搭上互联网时代品牌经营的一班早班车，就要求好孩子突破传统经营模式的束缚，敞开胸怀去学习和参透互联网文化的精髓，主动研究消费者的痛点、尖叫点和爆点，再以这些研究结果为导向，进行产品研发、营销活动策划。"宋郑还要求每一个好孩子人都主动参与平台的打造中，利用工作、生活中每一个接触消费者的机会创造口碑或悟出金点子。

"改革是必然的，改革的主体是每一个好孩子人。互联网精神要求每位员工都是创造者，敢于大胆想象，更有脚踏实地的实干精神。任何阻碍好孩子战车呼啸前进的干部或员工都免不了被无情淘汰的命运。"宋郑还把这次改革视为第二次创业。

创业不止

受新冠肺炎疫情影响，好孩子2021年年会在线上举行。宋郑还向全体员工提问：母婴行业有两万亿元规模，好孩子还是第一名吗？"我是第一，因为我可以是第一"是宋郑还创业早期写在校办厂黑板上的口号，一个令同行仰望的前辈，

第五章 共生共赢的平台观

为何发出这般质疑？

过去两年，好孩子在互联网平台企业能力建设上稳扎稳打，取得了不俗的成绩。好孩子在上海、深圳和成都开出5家gb旗舰店，集产品、服务、互动和场景于一体，打造用户沉浸式购物体验。2020年，好孩子在全国完成200多家专卖店的布局，以提供更多的用户连接点。2020年，好孩子电商渠道业绩增长15.3亿元，棉纺品增长30%，汽车座增长17%。直营零售GMV为7亿元，同比增长12%，在"双十一"活动中，好孩子以1.7亿元再次跻身天猫亿元俱乐部成员。好孩子的用户粉丝数量为1500万，其中活跃用户数为450万。

在国际上，好孩子搭建全球创意平台，与荷兰、意大利、日本、美国、瑞士等国家的设计院校和独立艺术家及120个IP合作联名款。2019年，好孩子联合澳洲国家科研中心开发超轻碳纤维，推出全球第一款碳纤维婴儿车，将吸能减震科技应用于婴儿车、安全座椅和平衡车，为gb增加时尚、艺术和科技的品牌内涵，同时发挥了大供应链的迅速响应与保障作用。

为了赋能平台业务模式，好孩子在2019年基本完成端到端的数字化供应链改造，覆盖商品规划、采购、供应商引进、销售需求关联、订单协同履行、供应商考核等流程。同时，在用户端打造了订单、商品、会员和营销四个中心，在供给端打造了库存、渠道、分析和支付四个中心，初步建成数据中台的核心业务模块。

宋郑还看到的是另外一个现象。2020年，gb品牌以139.91亿元估值登上"2019中国品牌价值评价[①]"榜，位列全行业技术创新类第三。而在资本市场上，好孩子国际的股价一直在1港元左右徘徊，总市值不足20亿。好孩子为什么被严重低估？

---

① 由中国品牌建设促进会主导的公益性品牌价值评价。

宋郑还提出："在好孩子被国家认可、被行业认可的同时，我们如何才能被资本市场认可？是不是我们可以从另外一个角度来看看自己，能不能从外面来看看好孩子，能不能从上面来看看好孩子，能不能从未来看看好孩子？"

宋郑还在关注冉冉升起的超级商业新星，如泡泡玛特、完美日记、特斯拉，以及转型成功的商业巨头，如李宁、波司登和美的。"公司市值评估的依据是什么？是成长、成长的动因和成长的空间。正像任正非说的，没有成功的公司，只有成长的公司。"

好孩子有成长的空间吗？"好孩子有无限想象空间。"宋郑还自问自答，"我们要蜕变，我们要重构，才能走上时代的前台。"

用户导向，重构组织观念；数字导向，重构组织系统，形成新的核心竞争力，这些一再颠覆好孩子创业30余年形成的商业逻辑和模式。

做好当下，便是未来。好孩子要保持增长，怎么做呢？宋郑还再次以集团主席的身份号召管理层这样去做。

一是实现电商规模化突破："销、研、产、服、供"一条龙通力出击，数字营销、社交社群、用户运营、平台促销力出一孔；强化自主可控，线上线下，自营分销力出一孔。

二是分省会、批销会转型：坚持零售化、服务化、数字化方向，重构分销渠道。改革管理组织、落实责任机制；尽快摒弃渠道压货、终端无序无控的粗放模式，有效化解分销渠道的业绩压力。

三是产品和品牌力的迸发："洞察消费者"打响爆款和尖货战，产品要精准化、差异化、颜值化。

四是线下零售获私域流量：主力拓展旗舰店，实现品牌形象、销售规模和会员经济的"三突破"。

增长是企业永恒的话题，而增长的本质是企业在产业链中的价值所在。迈克尔·波特有一个观点，即企业能表现的价值远超过内部生产经营活动的总和。企业的价值链是一个由许多"联系点"联结而成的相互依赖的系统或活动网络。这些联系点的作用通常可以影响企业进行各种活动的成本高低或效益大小。

在产业竞争中，企业的价值链附属于一个更庞大的体系之下，这个庞大的体系即价值体系。价值体系包含满足企业价值链的上游供应商、完成价值链活动的营销渠道与最后的客户。当然，由价值链提供的产品又成为客户所在价值链内的物料，并被纳入客户的生产管理系统。

这个体系能否有效运用，关系到企业到底能不能建立竞争优势。联系点不仅联结公司内部的各种活动，还能形成企业和供应商、经销商之间的相互依赖效果。企业借联络点的有效扩展或协调，可以向外延伸触角，创造竞争优势。

好孩子的平台战略转型正是通过创造竞争优势，实现资本市场可见的增长。而其成败不在线上线下的店铺数量，不在酷炫的产品品类，甚至不在粉丝数量，而是在于人，即好孩子能否完成"去中心化""去中间化"和"去边界化"的组织变革。

"去中心化""去中间化"和"去边界化"是平台企业的价值取向，也是传统企业进行平台化转型的痛点和难点。宋郑还凭借多年的行业经验和敏锐的商业洞察，完成了好孩子平台化转型的战略规划，从思想上占领了先机。他也通过梳理业务关系选择了转型路径，做了组织变革的安排。同时，他提出了"人人皆创客"

的企业文化，做了人才布局的指示。

向平台企业转型通常有三条路径。路径一：进行跨界整合，挖掘新的增长点，提供用户整体解决方案。小米不仅是一个3C产品生产商，而且是用户生活的管理平台，通过与各产业的协同机制延伸到家庭娱乐、健康管理、生活起居等多个领域，满足粉丝生活上的多种需求。路径二：为消费者提供个性化产品，解决企业库存积压、资金占用等低效问题。电商平台可以轻松实现以订单定生产的组织模式，在技术上也完全可以实现定制化生产。路径三：优化产业链中低效的环节，促进信息自由流动，供需双方直接对接。

相较于完全依赖生产制造的其他企业，好孩子的平台转型有得天独厚的优势，它有连接产业生态的多个接口和路由器：多元品牌组合，强大的供应链，完善的分销体系和零售终端。因此，它具备走任何一条路径实现平台企业转型的可能性。就像宋郑还希望的，未来可以有三个好孩子公司，一个是品牌公司，一个是零售公司，一个是互联网公司，每一个都可以是平台企业。对于好孩子而言，转型不缺价值点，难的是如何取舍及管理层的执行力。

2009年，好孩子成立20周年，宋郑还在集团刊物《今日好孩子》卷首写了一篇《20年的随想》。2009年，全球正努力从国际金融危机的泥沼中迈开第一步。此后12年，好孩子一边受到国际业务总体萎缩的挑战，一边受到中国互联网经济的强烈冲击。作为儿童用品行业的王者，它身负强烈的危机感，又肩负远大的使命感，勇敢地拥抱技术带来的产业变革。要成为全球儿童用品行业具有领导地位的品牌商、零售商、制造商和平台企业，好孩子如何兼顾、如何取舍？对于局外人而言，也许是一个简单的选择题，而对于当局者来说，则是需要10年甚至更长时间去探索的论证题。

宋郑还希冀的"水样"组织，遇山环山，遇水相融，是组织的外功。对于好孩子而言，当务之急是修炼内功。好孩子国际的核心品牌运营能力，好孩子中国的BOOM转型能力，好孩子大供应链的保障能力，能否三江汇流、力出一孔？作为"好孩子之父"，宋郑还不可能寄希望于外力将好孩子托至一个新的高度，唯有抖擞精神，重构组织。"鸡蛋从内部打破，方为新生。"宋郑还了然于胸。

附录：20 年的随想

回望 20 年，想起一些事。

20 年前，一位日本朋友给我讲了一个他的故事。他从创业以后，一直在客户的批评声中不敢抬头，只是埋头苦干。20 年以后，他听不到客户的批评声了，抬起头来一看，自己已经站在了行业的最前端。当时我想，20 年后，我的耳边也能听不到客户的抱怨吗？

18 年前，在全国行业订货会上，上海童车厂的徐厂长对我说："你们好孩子每次在订货会上都推出大批新产品，对社会贡献很大。"我恍然大悟——企业生存发展的理由，只是它永远对社会作贡献。

15年前，一位德国客户来公司，当我骄傲地陪同他参观了流水线后，他对我说："婴儿车不是这样做的。"我不禁一颤——原来，我们与国际的差距这么大！若干年后，他还会说我们什么事没做对吗？

12年前，在美国的Dallas的婴儿用品展览会上，中国台湾婴儿车的前辈罗先生看了好孩子的大批新产品展览后，语重心长地说："好孩子在美国插了一面旗，为华人争光。"我为之一震，暗自思量——有朝一日把好孩子品牌的旗帜插遍全世界，才对得起中国人。

8年前，好孩子在美国已经实现三连冠。Cosco公司的销售副总裁Rick Donnelly说："我有一个成功的经验：有困难，找好孩子。"我感动之余，悟到了一个道理——"价值决定地位"是市场不变的法则。

5年前，捷安特的郑总经理来公司访问，感慨好孩子与捷安特有一个共同点，他说："我们都是做自行车的，我们的事业与骑自行车一样，永远不能停，一停就会倒。"他的话富有哲理，我想了想说："我们是在上坡路上骑车，停下来，后果不堪设想……"

2008年7月5日，敬爱的温家宝总理视察公司时，赞扬我们说："看了你们这个企业，我觉得没有克服不了的困难，坚持走根本创新之路，我们不仅能克服困难，还能再上一个台阶。我要让其他企业都来学习好孩子。"我突然感受到一种沉甸甸的光荣和责任——原来，好孩子的命运与国家联系在一起，好孩子20年开创全球化之路，成功属于中国企业。

前几天，有一位同事在20年座谈会上有感而发："20年了，一路上好像从来没有好好回忆过去。因为始终在急行军当中，只关注着前方，面对远大目标，成绩只是新的起点。"我感慨万分,心里响起一句话——创业的路上,伙伴是山!

年轻时,很喜爱毛主席诗词,最近总会想起一些词句,在心中激荡,很想与朋友分享其中的意境和情怀。

"山,快马加鞭未下鞍。惊回首,离天三尺三。"

"宜将剩勇追穷寇,不可沽名学霸王。"

"雄关漫道真如铁,而今迈步从头越。"

宋郑还
2009 年

参考文献

[1] 包政. 管理的本质[M]. 北京：机械工业出版社，2018.

[2] 保罗·克鲁格曼. 战略性贸易与国际经济[M]. 海闻，等译. 北京：中信出版社，2016.

[3] 彼得·德鲁克. 管理的实践[M]. 齐若兰，译. 北京：机械工业出版社，2006.

[4] 布莱恩·阿瑟. 技术的本质：技术是什么，它是如何进化的[M]. 曹东溟，王健，译. 杭州：浙江人民出版社，2014.

[5] 陈春花. 管理的常识：让管理发挥绩效的7个基本概念[M]. 北京：机械工业出版社，2014.

[6] 戴夫·格雷，沃尔. 互联网思维的企业[M]. 张玳，译. 北京：人民邮电出版社，2014.

[7] 丹尼尔·雷恩. 管理思想史[M]. 5版. 孙健敏，黄小勇，李原，译. 北京：中国人民大学出版社，2009.

[8] 龚焱，郝亚洲. 价值革命：重构商业模式的方法论[M]. 北京：机械工业出版社，2016.

[9] 亨利·明茨伯格. 写给管理者的睡前故事[M]. 薛香玲，徐二明，译.

北京：机械工业出版社，2020.

［10］胡左浩，陈曦，杨志林，等．中国品牌国际化营销前沿研究［M］．北京：清华大学出版社，2013.

［11］杰弗里·韦斯特．规模［M］．张培，译．北京：中信出版社，2018.

［12］克莱顿·克里斯坦森．创新者的窘境：全新修订版［M］．胡建桥，译．北京：中信出版社，2014.1

［13］凯文·莱恩·凯勒．战略品牌管理［M］．4版．吴水龙，何云，译．北京：中国人民大学出版社，2014.

［14］帕拉格·康纳．超级版图：全球供应链、超级城市与新商业文明的崛起［M］．崔传刚，周大昕，译．北京：中信出版社，2016.

［15］孙亚彬，孙科炎．婴童经济4.0［M］．北京：中国人民大学出版社，2019.

［16］苏珊娜·伯杰．重塑制造业［M］．廖丽华，译．杭州：浙江教育出版社，2018.

［17］托马斯·彼得斯，沃特曼．追求卓越［M］．龙向东，等译．北京：中央编译出版社，2000.

［18］魏江，吴伟，朱凌．协同创新：理论与探索［M］．杭州：浙江大学出版社，2017.

［19］约瑟夫·熊彼特．经济发展理论［M］．何畏，易家详，等译．北京：商务印书馆，1990.

［20］约瑟夫·朱兰，约瑟夫·德费欧．朱兰质量手册：通向卓越绩效的全

面指南［M］.6版.焦叔斌，等译.北京：中国人民大学出版社，2013.

［21］张国华，张二震. 改革开放的昆山之路［M］.北京：人民出版社，2008.

［22］赵巍. 从代工到品牌：外销转内销的深度蜕变［M］.北京：机械工业出版社，2013.

［23］中国经济时报制造业调查组. 中国制造业大调查：迈向中高端［M］.北京：中信出版社，2016.